WÄHREND WIR KULTURLICH TANZEN

Celso Salles

Celso Salles, Sohn von Manuel Ferreira Salles und Horaide de Sousa Salles, geboren am 28. Mai 1959 in der Stadt Itirapina - SP - Brasilien, verheiratet mit Mírian Amorim Salles im Jahr 1988, Vater von Leandro Amorim Salles (1994) und Lucas Amorim Salles (2000), Abschluss in Wirtschaftswissenschaften - Betriebswirtschaft, ITE - Toledo Institute of Education of Bauru - SP - Brasilien. Spezialisiert auf digitale Plattformen und Projektmanagement, meist im Sozialbereich, lebte 2021 in Luanda - Angola - Afrika, wo er ein weiteres Buch aus der Afrika-Sammlung schrieb.

Das Buch WÄHREND WIR KULTURLICH TANZEN führt den Leser zu zahlreichen Reflexionen über ihre individuelle und kollektive Selbstanalyse. Autor Celso Salles drückt es sehr direkt aus, dass alle Veränderungen notwendigerweise bei uns selbst beginnen müssen. Als afrobrasilianer, seit 2011 auf afrikanischem Territorium präsent und bereits in Ländern außerhalb Afrikas gelebt, stellt er seine Analysen und Überlegungen als einen weiteren wichtigen Standpunkt dar und nie als Besitzer der Wahrheit. Es liegt an Ihnen, dem Leser, Ihre Analysen und Überlegungen anzustellen, die einen großen Beitrag zu einem größeren Gleichgewicht zwischen den Völkern einer einzigen Rasse, der MENSCHLICHEN RACE, leisten werden.

2021

WICHTIG:

In der Portugiesisch-Deutsch-Version dieses Buches wurde die Translate Google-Technologie verwendet. Verbesserungsvorschläge sowie Fragen senden Sie uns bitte an educasat@hotmail.com

WIDMUNG

Die Widmung in diesem Buch ist relativ unveröffentlicht, da ich es verehre, ein MANAGEMENT zu verehren. Genau. Du liest nichts Falsches. Es ist das MANAGEMENT DER GEGENWÄRTIGEN REGIERUNG VON RUANDA (2021) unter der Leitung von Paul Kagame. In Buch 3 der Afrika-Sammlung "The Importance of the African Diaspora in the New Decolonization of Africa" hatte ich die willkommene Gelegenheit, Auszüge aus einem Interview mit Professor Carlos Gomes, einem guineischen Akademiker, der ein Adjunkt von Kofi Annan . war, aufzunehmen bei der UN und ist heute Professor an der Nelson Mandela School of Public Governance in Kapstadt. Es hieß: Sollen wir Afrika demokratisieren oder die Demokratie afrikanisieren? Demokratie zu afrikanisieren bedeutet, sie an die lokale Realität anzupassen, die bestimmte Merkmale aufweisen muss, die eine Governance ermöglichen, die mit den aktuellen Bedürfnissen vereinbar ist.

In Buch 6 mit dem Titel "55 GRÜNDE, IN AFRIKA ZU INVESTIEREN", in dem ich die 52 Republiken und die 03 Königreiche in Afrika (2021) hervorhebe, betone ich, wenn ich über Ruanda spreche:

■ Schnelles Wachstum
- am zweitschnellsten wachsende Wirtschaft in Afrika (7,5% p.a. seit 2007);
- Die Nation, die sich in der menschlichen Entwicklung am stärksten entwickelt hat;
- Junge und wachsende Bevölkerung (70 % der Bevölkerung unter 30).

■ Niedriges Risiko
- das fünftsicherste Land der Welt für Nachtwanderungen;
- Niedrigste Schuldenquote in der Region und stabile Kreditratings;
- Stabile Währung.

■ Geschäftsfreundlich und trendy
- 2. für Geschäfte in Afrika;
- 1. für Regierungstransparenz in Afrika;
- Die Mehrheit der Frauen im Parlament und einem Kabinett mit

Geschlechtergleichgewicht in der Welt (jeweils 61 % bzw. 50 %)

■ Eine regionale Plattform
- Starkes Potenzial als afrikanische Drehscheibe; stark vernetzte afrikanische Fluggesellschaft;
- 2. MICE-Ranking in Afrika; +19 Bewertungen in 4 Jahren
- Zunehmende ausgebildete und zweisprachige Arbeitskräfte (50.000 Absolventen/Jahr).

■ Bin bereit
- 1. in EAC für Netzwerkbereitschaft;
- 5. in Afrika;
- 95 % 4G LTE-Netzabdeckung; 7.000 km Glasfaser.

Ich habe eine sehr gut gemachte Arbeit des angolanischen Professors Flávio Januário erhalten, ein Forschungspapier, das im Modul der Democratic Governance Foundation, des Governance and Public Management Course, des Research Center in Public Policies and Local Governance der Rechtswissenschaftlichen Fakultät präsentiert wurde Universidade Agostinho Neto de Luanda - Angola, Betreut von: Fernando Paulo Faria, Ph.D. Im QR-Code auf der Seite können Sie auf den Inhalt der aus meiner Sicht von grundlegender Bedeutung liegenden Arbeit mit dem Titel RESEARCH WORK SPECIFIC CASE RWANDA zugreifen.

BESONDERER DANK

Es gibt Menschen, die von einem höchsten Wesen geschmiedet wurden, um im Laufe ihres Lebens große und wichtige Werke zu vollbringen.

In diesen wenigen Danksagungsblättern spreche ich vom brasilianischen Philosophen PAULO GHIRALDELLI, geboren am 23. August 1957 in der Stadt São Paulo - Brasilien.

Paulo Ghiraldelli hat einen Bachelor-Abschluss in Philosophie der Universidade Presbiteriana Mackenzie. Er wurde Master und Doktor der Philosophie an der Universität von São Paulo (USP). Er hat auch einen Master und einen Doktortitel in Philosophie und Bildungsgeschichte der Päpstlichen Katholischen Universität São Paulo (PUC-SP) sowie ein Postdoktorat in Sozialmedizin der Staatlichen Universität Rio de Janeiro (UERJ).

Ghiraldelli arbeitete als Forscher in Neuseeland und den Vereinigten Staaten, wo er sich mit dem pragmatischen Philosophen Richard Rorty anfreundete, der einen seiner Einflüsse war.

Er ist Gründer und Direktor des Center for Studies in American Philosophy, einem Forschungsinstitut, das sich auf verschiedene Aspekte der amerikanischen Philosophie und allgemein auf Pragmatismus in mehreren Ländern konzentriert und dessen Ehrenpräsident der amerikanische Philosoph Donald Davidson ist.

Ghiraldelli startete seinen YouTube-Kanal im Jahr 2006. Er begann jedoch im Jahr 2019, regelmäßiger Videos zu veröffentlichen, als die Regierung Jair Bolsonaro begann, gegen die sich der Philosoph abwendet und versucht, politische Analysen zu präsentieren, um das Nachdenken, Denken und das kritische Gewissen gegenüber der Regierung zu fördern , es der Parteizugehörigkeit vorzuziehen.

Konstruktion

O espírito deste canal

Er ist Autor von mehr als 40 Büchern über Philosophie und Pädagogik. Einige von Ghiraldellis Werken:

- Was ist Pädagogik (1986)
- Bildung und Arbeiterbewegung (1986)
- Progressiver Sportunterricht (1987)
- Bildungsgeschichte (1990)
- Pädagogik und Klassenkampf in Brasilien (1991)
- Drei Studien zur Bildungsgeschichtsschreibung (1993)
- Der Körper von Ulysses (1995)
- Bildung und historische Vernunft (1995)
- Kindheit, Schule und Moderne (1996)
- Kindheit, Schule und Neoliberalismus (1997)
- Philosophie, Bildung und Politik (1999)
- Richard Rorty (1999)
- Was ist Bildungsphilosophie? (1999)
- Bildungsphilosophie (2000)
- Geisteswissenschaften (2000)
- Bildungsgeschichte (2001)
- Philosophie und Geschichte der brasilianischen Bildung (2003)
- Einführung in die Philosophie (2003)
- Geschichte der brasilianischen Bildung (2006)
- Was ist Pragmatismus (2007)

- Was ist Pädagogik (2007)
- Was ist zeitgenössische Philosophie (2009)
- Das Philosophie-Abenteuer (2010)
- Was ist Dialektik der Aufklärung (2010)
- Wie Philosophie Liebe erklären kann (2011)
- Dossier Platon (2011)
- Philosophie als Kulturkritik (2014)
- Die Lektionen von Paulo Freire (?)
- Sokrates: Denker und Erzieher (?)
- Sloterdijk (2017) lesen
- 10 Lektionen über Sloterdijk (2018)
- Philosophie erklärt Bolsonaro (2019)
- 10 Lektionen über Sokrates (2019)
- Brasilianische Republik: von Deodoro nach Bolsonaro (2020)

2019 veröffentlichte Ghiraldelli Junior PHILOSOPHIE ERKLÄRT BOLSONARO. im Verlag Leya. Die Arbeit versucht, Brasilien während der Regierung von Jair Bolsonaro durch Philosophie zu erklären. Innerhalb eines Monats gehörte das Buch zu den Bestsellern in Brasilien und erreichte seine zweite Auflage.

Im Jahr 2020 hat Paulo Ghiraldelli in den digitalen Medien von CEFA Editorial das Buch República Brasileira: de Deodoro a Bolsonaro und

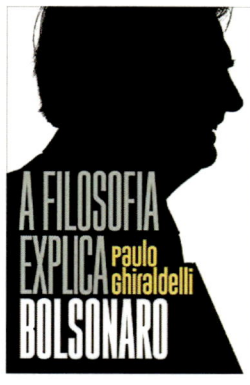

noch im Jahr 2020 das Buch Narrativas Contemporâneas herausgebracht. Zwischen der Veröffentlichung dieses Buches und der Veröffentlichung von PHILOSOPHIE ERKLÄRT BOLSONARO. veröffentlichte er 2019 auch 10 Lektionen über Sokrates.

Paulo Ghiraldelli hat unzählige Brasilianer ständig zum SCHREIBEN ermutigt, ihre Bücher, ihre Ideen, ihre Träume zu veröffentlichen. Ich konnte es nie versäumen, ihm öffentlich und in 5 Sprachen für das zu danken, was er für das brasilianische Volk getan hat, das nichts mit den miesen Politikern unserer Generation zu tun hat. Brasilien war einst sehr gut und wird zum Wohle der Natur, der menschlichen Natur, Brasiliens selbst und der gesamten Menschheit noch besser sein. Wenn Paulo in seinen Videos auf Youtube über die reflexive Linke in Brasilien spricht, möchte ich Sie um Erlaubnis bitten, sie zu plagiieren und die Aufmerksamkeit der ganzen Welt in diesen Büchern aus der frica Collection auf das zu lenken, was ich REFLEXIVE AFRICANITY nennen kann, wo Jeder von uns, Afrikaner mit Seele oder nicht, spielt eine wichtige Rolle beim Aufbau einer besseren Welt als der, in der wir heute leben (2021).

Celso Salles - Der Autor

VORWORT

Der Schriftsteller Celso Salles ist ein alter Freund, den ich in Luanda kennengelernt habe. Wir waren zusammen in Nürnberg während der IFIA International Inventors Fair und auch in meiner Heimatstadt, in der Stadt und Provinz Huambo. Das Vorwort zu diesem Buch zu schreiben ist eine große Ehre für mich, die ich hier ein tolles Erfinderteam aus Angola vertrete. Schriftsteller, Forscher, Aktivist, Professor, Berater Celso Salles gibt nie auf, uns zu helfen. Es konzentriert sich auf Afrika, weil es unseren Unterstützungsbedarf kennt. In diesem Buch "WHILE WE DANCE CULTURALLY" gibt uns Celso Salles eine wichtige Warnung, damit wir über unsere künstlerischen und sportlichen Talente hinausgehen und uns in die Welt der Wissenschaft im Allgemeinen einlassen, Reichtum aus uns selbst generieren und privilegierte Orte besetzen, die wir sind noch zu weit weg. Es war mir eine große Ehre, Luciano Muecalias Erfindung auf den Seiten dieses Buches zu sehen. Es ist etwas, das mich motiviert, meine Arbeit zur Unterstützung junger Erfinder fortzusetzen und weiterzuentwickeln.

Marcolino Kanganjo
Erfinder/Ingenieur
Mechatronik-Praktiken bei Unirsit Sava in Frankreich;
Elektrotechnik und Telekommunikation am Instituto Superior Politécnico do Huambo.
+224 936 105 858 / +224 932 676 767 (WhatsApp)
Huambo - Angola - E-Mail: marcolinochissendekanganjo@gmail.com

Sammlung
Afrika

educa**sat**

Editora

PRÄSENTATION

Das neunte Buch der Sammlung Afrika führt uns ausnahmslos zu einer Analyse und Reflexion dessen, was wir als schwarze Rasse innerhalb und außerhalb des afrikanischen Kontinents getan haben, um neue und definitiv bessere Lebensbedingungen zu schaffen und die Konditionierung, der wir zuvor waren, zu überlassen unterworfen, bei der Befreiung von unzähligen Fesseln, die uns seit mehr als 4 Jahrhunderten auferlegt wurden. Wie ich bereits im Text des Buches "Africano de Alma - Eine Armee der Ideen und Gedanken" erwähnen durfte, kann eine tiefgreifende Veränderung als MISSION UNMÖGLICH bezeichnet werden. Kurzfristig, ja, es ist wirklich eine unmögliche Mission. Aber wenn wir längerfristig denken, sind die Veränderungen nicht so spektakulär.

Dieses Buch "WÄHREND WIR KULTURLICH TANZEN " ist fast eine Fortsetzung des Buches "African Soul - An Army of Ideas and Thoughts".

Die Idee für den Buchtitel entstand aus einem Gespräch mit dem afro-brasilianischen Soziologen Tadeu Kaçula, als ich ihm erzählte, dass, während Schwarze tanzen, Weiße denken. Da ergänzte Tadeu in seiner poetischen Art... "Während Schwarze kulturell tanzen, tanzen sie wirtschaftlich." Da dieser Satz nur in brasilianischer Sprache verständlich ist, nutzte ich Kaçulas verbale Konstruktion, um den Titel dieses neunten Buches der África-Sammlung zu generieren, um seine Bedeutung in Portugiesisch, Englisch, Französisch, Deutsch und Spanisch verständlich auszudrücken. die neuen Generationen von Afrikanern und Afro-Nachkommen in neuen und wichtigen Kontexten und Parametern zu bilden.

Noch einmal, wir können diese Art von Gespräch nicht beginnen, ohne über BILDUNG oder UMBAU zu sprechen, was nichts anderes ist, als NEUE GEDANKENMUSTER aus unserer Realität zu übernehmen. Ich kann es eine neue Revolution des AFRIKANISCHEN GEDANKENS nennen, die in der Vergangenheit geteilt und beherrscht werden musste, damit der gesamte Sklaverei- und Kolonisierungsprozess ermöglicht werden konnte.

EINLEITUNG

Am 2. November 2009 hatte ich die Gelegenheit St. Antönien in den Schweizer Alpen zu besuchen. Sankt Antönien ist eine Gemeinde in der Schweiz im Kanton Graubünden mit etwa 331 Einwohnern. Es erstreckt sich über eine Fläche von 52,28 km², bei einer Bevölkerungsdichte von 6 Einwohnern/km².
Höhe: 1.459 m²
Fläche: 52,28 km²

in Zürich

In Sankt Antonien

Wenn ich nur in Zürich geblieben wäre, wäre ich mit einer Idee, die dem "Leben einer Seifenoper oder eines Films" sehr nahe kommt, nach Brasilien zurückgekehrt, das ist das Bild, das uns verkauft wird, immer verbunden mit Prominenten und berühmten Persönlichkeiten allgemein.

Ich hatte jedoch die Möglichkeit, nach Sankt Antönien zu fahren, wo ich eine andere Realität deutlich sah. Ein viel schwierigeres Leben, in dem

die Überwindung der starken Kälte mit Temperaturen unter Null eine Frage des Überlebens ist. Sie nutzen die natürlichen Ressourcen und machen durch den Holzeinschlag den Einsatz von Stromerzeugern wirtschaftlich.

Unter der Annahme, dass es nirgendwo ein leichtes Leben gibt, kann ein Brasilianer oder sogar ein Afrikaner, der sich vorstellt, in Europa mit "dem Leben einer Seifenoper oder eines Films" zu leben, ihre Meinung ändern. Das Leben an diesen Orten, von Leichtigkeit, hat nichts.

Normalerweise bringen wir das Glück nie dorthin, wo wir sind, und es ist nicht zu leugnen, dass das Leben in den Tropen oder das tropische Leben uns nicht dazu verpflichtet, alle grundlegenden Planungen in anderen Regionen der Welt zu haben, die am Ende automatisch ihre lokalen Menschen.

An diesen Orten tötet die Kälte. Überwinde die Kälte. In den verschiedenen Afrikas auf der ganzen Welt ist es Armut, die tötet. WIR MÜSSEN ARMUT ÜBERWINDEN.

UNSERE AFRIKANISCHEN KUNST, WELTWEIT, IST UNSER GRÖSSTES ERBE, ABER WIR KÖNNEN NICHT DARAUF LEBEN.

Wir müssen privilegierte Plätze besetzen, die wir durch Kapazität erhalten. Darauf müssen wir vorbereitet sein und auf Augenhöhe konkurrieren. Wir müssen uns bewusst sein, dass ein Ort nicht zu mir gehört, weil ich darin geboren wurde, sondern weil ich mich in diesem Raum kompetent durchsetze.

WIE ÜBERWINDEN WIR ARMUT?

Wenn wir kulturell tanzen, breitet sich Armut unter uns aus.

Alle Länder und alle Regierungen sind verpflichtet, sich um ihr Volk zu kümmern und ihnen die Mindestbedingungen zu bieten, die ihnen eine Würde des Lebens ermöglichen:
- Hygiene;
- Trinkwasser;
- Heim;
- Bildung;
- Die Gesundheit;
- Essen;
- Sicherheit;
- Elektrizität...

In der Praxis beobachten wir, dass die Bedingungen kaum für alle gleich sind und dann alles geht. Medien werden gekauft, bewaffnete Milizen gebildet, Konflikte geschürt, Regierungen destabilisiert.

Korruption ist die Triebfeder, bei der die Verderber und Verderber zu echten bösartigen Tumoren werden, die jährlich Millionen von Menschen auf der ganzen Welt töten.

Das ist die Welt, in der wir leben. Und wie man daraus herauskommt, kommt den Klassen zugute, die seit Jahrhunderten an der Macht sind und über die wichtigsten Mechanismen verfügen, die in der Lage sind, Veränderungen herbeizuführen.

Es gibt keine Zauberformel, um die Armut vom Angesicht der Erde zu beseitigen.

Als Dominator muss ich verstehen, dass die Sonne für alle scheint und jeder auf der Welt ein Anrecht auf ein menschenwürdiges Leben hat.

Während ich dominiert bin, muss ich mich sehr fleißig vorbereiten, um meinen Platz an der Sonne zu erobern.

WIE SIE IHREN PLATZ AN DER SONNE EROBERN?

Angefangen bei der Ausbildung. Mein Vater, Herr Manoel Ferreira Salles, war Bahnhofsvorsteher und mit dem geringen Gehalt, das er hatte, tat er sein Bestes, um sicherzustellen, dass zu Hause nichts mehr übrig war, und zog seine drei Kinder Ivany, Manoel Roberto und Celso Salles mit viel auf der Würde.

Ich habe an öffentlichen Schulen studiert. Ich habe die Primarstufe an der Escola João Maringoni da Bela Vista studiert und dann die Sekundarstufe an der Escola Morais Pacheco.

Als ich die Fragilität der öffentlichen Bildung zu dieser Zeit erkannte, begann ich im Alter von 14 Jahren zu arbeiten und mein Studium am College zu bezahlen, und schrieb mich bei CTI - Colégio Técnico Industrial de Bauru - SP - Brasilien ein. Diese Entscheidung habe ich im Grunde schon mit 16 Jahren getroffen, basierend auf meiner damaligen Denkweise.

Es war nicht einfach. Ich wachte sehr früh auf, um den Militärdienst zu leisten, ging dann zur Arbeit und studierte nachts den Studiengang Elektroniker.

Nach Abschluss habe ich an der Fakultät für Wirtschaftswissenschaften der ITE - Toledo Institution of Education in Bauru studiert, zunächst in der Disziplin Betriebswirtschaftslehre und später in Wirtschaftswissenschaften, wo ein Semester fehlte, um den Kurs abzuschließen.

Meine Kinder, Leandro Amorim Salles und Lucas Amorim Salles, hatten dank der besseren Ressourcen, die ich für ihre Ausbildung schaffen konnte, bessere Bedingungen.

Einen Platz an der Sonne zu erobern ist für niemanden einfach. Es braucht viel Kampf. Es muss eine ständige Anstrengung sein. Verlasse immer den gemeinsamen Platz.

Während in Brasilien eine Familie Seifenopern anschaut, trifft sich die Familie in Österreich und diskutiert über die Tageszeitung.

Mehrmals habe ich in Wien Teenager in Bussen gesehen, die ihre Skateboards abgestellt haben und die ganze Fahrt mit Büchern verbracht haben, ganz zu schweigen davon, dass es in Bussen keine Sammler gibt. Dafür kommen Sie an und stempeln Ihr Ticket auf dem Gerät ab. Mit dieser Haltung eliminiert der Österreicher die Korruption im

Embryo seines Volkes, weil er täglich Ehrlichkeit üben muss.

Der Zugang zu öffentlichen Verkehrsmitteln hat kein Drehkreuz. Die Kontrolle erfolgt durch Kontrolleure in Zivil, die in U-Bahnen, Straßenbahnen oder Busse einsteigen und nach einem Ticket fragen. Wer bei einer Kontrolle ohne gültige Fahrkarte angetroffen wird, muss 103 Euro in bar bezahlen und ist sehr... sehr verlegen. Neben der Bildung der Menschen senkt es die Arbeitskosten im Transportwesen, die im Land produktiver eingesetzt werden können.

Auch auf seinen Bahnreisen von Wien nach Zürich, die durchschnittlich 10 Stunden dauerten, war es üblich, dass Familien während der gesamten Reise gemeinsam mit ihren Jüngsten studierten.

Sehen Sie, dass dieses Verhalten seit Jahrhunderten vom Vater an den Sohn weitergegeben wird. Und das müssen wir tun. Der Ausgangspunkt für Veränderungen muss bei jedem von uns sein, später in der Familie, dann in der Schule, im Beruf und in der Gesellschaft insgesamt.

STARTEN SIE, DASS SIE IHR ÄNDERUNGSPOTENZIAL FINDEN.

Jeder von uns kann und soll unter Berücksichtigung seines Wohnorts, unseres Alters, unseres Wissens, unseres Einflusses einen wichtigen Beitrag zur Veränderung leisten. Bestimmte Berufe, wie Lehrer, Soziologe, Philosoph, Schriftsteller, haben alle in ihrer Rolle viel Kraft für Veränderungen. Das einfach gesprochene Wort wird stark, je nachdem wer es hört. Digitalisiert hingegen erreicht eine größere Anzahl von Menschen und kennt keine Grenzen für die Reichweite. Das geschriebene Wort hat eine längere Lebensdauer. Es dauert viel länger, ein großes Publikum zu erreichen, aber es dringt enorm in die Seele des Lesers ein. Alle, absolut alle sind sehr wichtig.

MENGE X QUALITÄT

Aktuell, im Jahr 2021, wenn eine bestimmte Person Tausende oder Millionen Follower in ihren sozialen Netzwerken hat, fühlt sie sich bereits als privilegierter Mensch. Der kapitalistische Markt bezahlt sie für die Präsentation ihrer Produkte und Dienstleistungen und damit erscheinen finanzielle Ressourcen. Wenn wir jedoch tief in die Gründe für all diese Popularität eintauchen, sind wir in den meisten Fällen sehr desillusioniert über die Vergeblichkeit vieler dieser Prominenten und ihrer Veröffentlichungen. Sie werden im Laufe der Zeit vergessen, da sie Medieninhalte mit sehr relativer und vorübergehender Bedeutung übertragen.

Wir können es nicht als Regel bezeichnen, aber normalerweise haben Inhalte von immenser Bedeutung normalerweise nicht so viele Zuschauer oder Zuschauer. Algorithmen (präzise, eindeutige, standardisierte, effiziente und korrekte Verfahren) haben es noch nicht geschafft, die Qualität des Gesagten zu erreichen und über Klicks und Ansichten eine bestimmte Botschaft an eine größere Anzahl von Menschen zu bringen.

Die Qualität der Wörter bestimmt ihre Langlebigkeit. Wir können dies in mehreren Büchern sehen, in dem, was ihre Autoren vor Jahrhunderten gesagt haben und die wichtige Parameter bleiben. Dies sind Worte, die niemals sterben werden, gerade wegen ihrer Qualität.

WORTE DES EWIGEN LEBENS

Das sind die Transformatoren. Sie sind die Macher. Die digitale Welt ist dramatisch gewachsen, aber aus meiner Sicht ist sie bereits am Ende. Die Obergrenze für digitale Wörter sind Fake News oder Liar News. Die Geschwindigkeit, mit der diese Lügennachrichten im Internet surfen, und die Art und Weise, wie sie konzipiert sind, führen viele Menschen zur Täuschung. Es gibt unzählige Lügen, die als Wahrheiten übertragen werden, die ein Publikum erzeugen und Unannehmlichkeiten von großer zerstörerischer Kraft verursachen. Als Beispiel hierfür können Trump und Bolsonaro genannt werden.

Die Zeit wirkt als Gegenmittel, da jede Lüge ein Verfallsdatum hat, das der Zeit nicht standhält.

Er will eine weitere große Lüge, die als Jahrhundertlüge gelten kann. Die Ankunft des Menschen auf dem Mond.Eine Lüge in Serie, mit mehreren Reisen, die nie stattgefunden haben, mit anderen Worten: WIR STEHEN NIE AUF DEN MOND. Mit der heutigen Technologie und dem heutigen Wissen (2021) ist es sehr einfach, dies zu beweisen.

Alle damals mit Videos und Fotos generierten Beweise wurden im Laufe der Zeit zu gegensätzlichen Beweisen, die genau die Tatsache beweisen, dass der Mensch nicht zum Mond geflogen ist.

DAS ULTIMATIVE ENGAGEMENT FÜR DIE WAHRHEIT.

Die Wahrheit ist das, was über die Zeit hinausgeht. Viele Wahrheiten, wissenschaftlich oder nicht, wurden in vergangenen Zeiten erzählt, viele von ihnen wurden nicht akzeptiert, die im Laufe der Zeit ihre Authentizität bewiesen haben.

Wir können ein wenig über PROGNOSEN nachdenken. Ich sah die Geburt des Computers, dann des Internets, des Handys und schließlich des Smartphones. Viele Vorhersagen, die bei der Geburt des Mobiltelefons gemacht wurden, trafen ein. Was damals die

PORTABILITÄT von Informationen genannt wurde, ist nichts anderes als das, was heute passiert.

Grundsätzlich nimmt jede neue Erfindung einen Teil der Plätze der bisherigen Technologien ein.

Im Bereich der Humanwissenschaften ist das nicht anders. Es ist jedoch schwieriger zu entdecken oder zu interpretieren. Evolutionen sind stumm.

Rassismus selbst ist viel weniger als vor 50 Jahren, als ich 12 Jahre alt war. Es existiert immer noch und ist sehr destruktiv. Es wird versteckter oder unterschwelliger. Manchmal treten Bolsonaros auf, die einen Rassisten in die Stiftung Zumbi dos Palmares einbringen, mit dem Ziel, die in der Vergangenheit so brillant vertretene Stiftung zu zerstören. Dasselbe wurde mit ALLEN BRASILIANISCHEN MINISTERIEN gemacht, in ihrem Eifer, die Republik zu beenden und Brasilien in eine wahre Anarchie zu verwandeln.

Und da ist meine Vorhersage, basierend auf dem, was ich gelebt und studiert habe. Zum Wohle der Menschheit muss Rassismus so schnell wie möglich vom Erdboden vernichtet werden, denn als Motor der Trennung behindert er die Evolution der Menschheit in all ihren Aspekten.

Ich hatte bereits die Gelegenheit, in den anderen bisher geschriebenen 8 Büchern der Afrika-Sammlung den großen Segen zu erwähnen, den ich von Gott erhalten habe, seit 2011 in direkter Verbindung mit dem afrikanischen Kontinent sein zu können. Ich sehe, wie sehr die Menschheit als Ganzes das hier vorhandene Wissen braucht.

Die MANDOMBE selbst, die in Buch 8 dieser Afrika-Sammlung enthalten ist, bringt zahlreiche Offenbarungen, die in das Gebiet der Metaphysik eindringen und von Wissenschaftlern auf dem Gebiet der beschreibenden Geometrie auf der ganzen Welt studiert werden können. Es ist neues Wissen zum Wohle der Menschheit. Die ersten Menschen, die sich für MANDOMBE interessierten, waren die Russen, die bereits Kontakt mit dem Meister Bitombokele Lei Gomes Lunguani aufgenommen hatten. Ich glaube, dass bald auch China Interesse haben wird. Vor allem Angola hat große Anstrengungen unternommen, um das Wissen um alle

Möglichkeiten zu erweitern, die MANDOMBE auf dem Gebiet der Wissenschaft im Allgemeinen bieten kann.

Sie müssen nicht sehr intelligent sein, um zu bedenken, dass die Vorurteile bezüglich der Schwarzen, die viele Länder haben, einschließlich meines lieben Brasiliens, Sie daran hindern werden, MANDOMBE zu erforschen oder sogar zu studieren. Für sie ist es, als hätte GOTT FARBE. Ich kann kategorisch versichern, dass es nicht jedem Volk seine Offenbarungen hat und bläst.

WÄHREND WIR KULTURLICH TANZEN
WIR NUTZEN NEUE CHANCEN NICHT
ANGEBOTEN VON MANDOMBE.

WIR MÜSSEN UNSEREN FOKUS ERWEITERN UND NEUE GENERATIONEN. WIR KÖNNEN NICHT NUR VON KULTUR UND FUSSBALL LEBEN.

In der Afro-Welt können wir Ziele identifizieren, die bei den meisten jungen Menschen und Jugendlichen verwurzelt sind.
- Ich möchte Fußballspieler werden und Millionen und Abermillionen Dollar verdienen (Als ob es möglich wäre, Millionen von Spielern zu haben und jeder, der Millionen Dollar verdient):
- Ich möchte ein Fotomodel werden und ein reiches Leben führen;
- Ich möchte eine berühmte Sängerin werden...
- Ich möchte eine berühmte Sängerin werden...

Sehr selten hören wir:
- Ich möchte Wissenschaftler werden;
- Ich möchte ein großer Ökonom werden;
- Ich möchte Ärztin werden;
- Ich möchte ein Ingenieur werden;
- Ich möchte Philosoph werden;
- Ich möchte Anthropologe werden;
- Ich möchte Mathematiker werden;
- Ich möchte Astronom werden;
- Ich möchte ein Experte für MANDOMBE werden
- Usw.

WER IST DER FLAIM?

Es ist unser eigenes. Wir müssen NEUE UND WICHTIGE RÄUME besetzen. Dazu müssen wir WISSENSSTRUKTUREN schaffen, die nicht von den Vorhandenen abhängen.

FORSCHUNGSZENTREN mit kostenlosem Internet, finanziert von Regierungen und privaten Initiativen, in denen arme Kinder die

Möglichkeit haben, kostenlos Wissen zu erwerben.

Stellen Sie sich vor, wie viele brillante Köpfe wir verlieren, entweder aufgrund von Vorurteilen gegenüber den ARMEN oder aufgrund eines absoluten Mangels an Vision und Interesse. Machen wir so weiter? Nehmen wir unsere Inkompetenz als Generation des 20. und 21. Jahrhunderts an. Nehmen wir an, wir wären nicht für Millionen von Todesfällen jährlich verantwortlich, DURCH DEN HUNGER, der, wie ich in Buch 3 der Afrika-Sammlung schreiben konnte – DIE BEDEUTUNG DER AFRIKANISCHEN DIASPORA IN DER NEUEN DEKOLONISIERUNG AFRIKAS, NICHTS ALS DER LOHN IST DER ARMUT.

Es ist eine traurige Tatsache, aber alles, was die Reichen nicht umbringt, wird nicht bekämpft. Der Kampf gegen COVID-19 beweist, dass jede Krankheit ausgerottet wird, wenn Sie es wollen und wann Sie es brauchen. Warum nicht Malaria? Warum nicht hungerbedingte Krankheiten? Gerade weil es die Reichen nicht umbringt.

Nun, es ist an der Zeit, dass wir das ändern, finden Sie nicht?

Was Malaria angeht, ist es nicht mehr der Mückenüberträger, der tötet, sondern die Gleichgültigkeit der Menschheit.

Die sozialen Verantwortungsbereiche der verschiedenen Unternehmen haben mit sehr seltenen Ausnahmen winzige Mittel, mit Managern und Verantwortlichen weit entfernt von denen, die Hilfe benötigen.

In einigen Botschaften werden Budgets für soziale Projekte in Dollar freigegeben, jedoch weit unter dem Marktwert in Dollar.

TOP 10 für die ENTWICKLUNG der Schwarzen Rasse.

Wissen, Training und Inklusion in:

Als nächstes werden wir kurz zeigen, was wir für die TOP 10 halten, die von Afrikanern auf der ganzen Welt erobert werden sollen, um einen prominenten Platz einzunehmen, der nicht auf die Kunst oder sogar den Sport beschränkt ist.

POLITIK

Innerhalb dessen, was wir als die TOP 10 dessen betrachten, was die Schwarze Rasse braucht, um relevantere Räume auf der ganzen Welt zu besetzen, können wir die Richtlinie als eines der Hauptziele einordnen. Sie lassen uns nicht an der Richtlinie teilhaben oder wir ziehen uns zurück, gerade weil wir keine genaue Vorstellung davon haben, wie wichtig es ist, Vertreter zu haben, die unsere Interessen verteidigen können. Berücksichtigt man die Zahl der Schwarzen in den ärmsten Bevölkerungsschichten, sollte es genau umgekehrt sein.

Es gibt viele Ausreden, die wir am Ende finden, um unsere Abwesenheit von politischen Parteien zu rechtfertigen. Fakt ist aber, dass wir uns diesbezüglich stark weiterentwickeln müssen.

Ohne Zweifel ging es unseren Vorfahren nicht darum, diesen politischen Ehrgeiz in die Köpfe ihrer Nachfolger einzupflanzen. Wir haben dann die Pflicht, die neuen Generationen so vorzubereiten, dass sie bereit sind, so viele politische Ämter einzunehmen, dass Legislative, Judikative und Exekutive Gesetze und öffentliche Projekte schaffen können, die Folgendes ermöglichen:
- Höhere Qualität der öffentlichen Bildung;
- Öffentliche Sicherheit;
- Günstiger, qualitativ hochwertiger und bezahlbarer Wohnraum;
- Schaffung von Arbeitsplätzen;
- Hygiene;
- Essen;
- Verteilung von Medikamenten
Jedenfalls alle Bedürfnisse der armen Schwarzen.

PROJEKTENTWICKLUNG

Eine der Grundvoraussetzungen für die Entwicklung der weniger bevorzugten Klassen ist auf sehr praktische Weise, dass sie lernen,

Projekte zu erstellen. Eine politische Partei, egal wie klein oder schlimmer noch, muss mehrere öffentliche Projekte haben und immer daran arbeiten, eine öffentliche Politik zu schaffen, die nach ihrer Umsetzung unabhängig von der an der Macht befindlichen Partei fortbestehen kann.

Wie die brasilianische Geschichtslehrerin Juliana Bezerra in ihrem auf dem Portal todomateria.com.br veröffentlichten Artikel sehr treffend beschreibt, ist Politik die Aktivität der Bürger bei der Ausübung ihrer Rechte in öffentlichen Angelegenheiten durch ihre Meinung und ihre Stimme.

Das Wort politisch hat seinen Ursprung im griechischen Wort „polis", was „Stadt" bedeutet. In diesem Sinne bestimmte sie die Maßnahmen der griechischen Stadtstaaten zur Normalisierung des Zusammenlebens zwischen ihren Einwohnern und den benachbarten Stadtstaaten.

Definition
Die Politik strebt einen Konsens für ein friedliches Zusammenleben in der Gemeinschaft an. Deshalb ist es notwendig, weil wir in einer Gesellschaft leben und nicht alle ihre Mitglieder gleich denken.
Die Politik, die innerhalb desselben Staates ausgeübt wird, wird als Innenpolitik und zwischen verschiedenen Staaten als Außenpolitik bezeichnet.
Einer der ersten, der den Begriff der Politik erklärte, war der Philosoph Aristoteles. In seinem Buch "Politik" definiert er dies als Mittel zum Glück der Bürger. Dafür muss die Regierung fair sein und die Gesetze befolgen. Aber für einen politisch gut organisierten Staat reicht es nicht aus, gute Gesetze zu haben, wenn er sich nicht um deren Ausführung kümmert. Die Einhaltung bestehender Gesetze ist der erste Teil einer guten Ordnung; der zweite ist der innere Wert der Gesetze, denen man unterworfen ist. Tatsächlich kann man schlechten Gesetzen gehorchen, was auf zwei Arten geschieht: Entweder, weil die Umstände keine

besseren zulassen, oder weil sie einfach an sich gut sind und den Umständen nicht entsprechen.

Im 19. Jahrhundert, als sich die industrialisierte Welt konsolidierte, definierte der Soziologe Max Weber:

Politik ist das Streben, die Macht innerhalb desselben Staates zwischen verschiedenen Gruppen von Männern zu erlangen, aus denen er besteht. Mitglieder derselben Gesellschaft können Politik machen, wenn sie Verbesserungen in der Zivilgesellschaft wünschen. Heute können sich die Bürger in westlichen Demokratien über Verbände, Gewerkschaften, Parteien, Proteste und sogar individuell an der Politik beteiligen.

Wir sehen also, dass Politik viel weiter geht als eine politische Partei, Fachleute und Institutionen.

Gerade bei aller Bedeutung, wir Schwarzen und Armen im Allgemeinen, können wir nicht zulassen, dass Politik weiterhin auf Basis von Versprechen betrieben wird, die nie eingehalten werden, meist in der Zeit vor Wahlen und immer von einer Minderheit mit klaren Interessen, die davon profitiert aus eigennütziger Macht.

Macht im Allgemeinen erfordert viel Verantwortung. Viele Vorbereitungen. Viel Wissen über die wahren Bedürfnisse der Menschen.

In diesem Jahr 2021 hoffe ich, dass es in den kommenden Jahren besser wird, wir haben erkannt, wie krank die Politik in der Welt im Allgemeinen ist. Gruppen, die sich auf allen Ebenen zusammenfinden, wollen die Macht nutzen, um ihren Willen durchzusetzen, und haben als treibende Kraft die Finanzkraft der Minderheit, die bereits darauf spezialisiert ist, das Volk zu täuschen.

Der Einzug der Medien und sozialen Netzwerke ins Internet stellt eine noch größere Komplexität bei der Wahl des besten Kandidaten, der besten Partei dar, die aufgrund von Fake News die Wähler weiter verwirrt.

Je gebildeter und politisierter ein Volk ist, desto besser werden seine Herrscher und die Lebensqualität für dieses Volk sein. Investitionen in Bildung sind der richtige Weg. Wähle einen Kandidaten, weil er will Die gleiche Religion zu haben, wie ich bekenne, ist ein großer Fehler. Der religiöse Führer befiehlt und ich stimme, weil er es tat? Es ist völlig falsch. Ich muss auf der Grundlage der Vorschläge des Kandidaten oder der Partei abstimmen.

DIE SUCHE NACH BESTEN INFORMATIONEN

Angesichts der überwältigenden Menge an Informationen, die die Köpfe der Wähler bombardiert, müssen wir etwas relativ Einfaches tun. Informationen erhalten und mit anderen Informationen querverweisen, Kollisionen und Gemeinsamkeiten in den verschiedenen Informationsquellen anzeigen. Wir müssen bedenken, dass Informationen möglicherweise nicht der Wahrheit entsprechen.

Faulheit beim Lesen muss überwunden werden. Nur vom Internet, Radio, Fernsehen, religiösen Kulten, Zeitschriften und Zeitungen abhängig zu sein, IST ALLEIN der große Fehler, der in unzähligen Gesellschaften gemacht wurde.

LAUFEN SIE VOR DER ENTFÜLLUNG WEG

Der entfremdete Mensch ist in Gedanken versunken und ist zurückgezogen oder desinteressiert an seiner Umgebung. Die INVESTIGATIVE Seite muss Teil eines jeden Menschen sein. Entwickeln Sie die Fähigkeit, dieselben Informationen aus mehreren Quellen zu suchen.

LAUFEN SIE VOR ARROGANZ WEG

So richtig ich auch sein mag, ich laufe Gefahr, falsch zu liegen. Daher ist es immer ein Fehler, in seinen Überzeugungen arrogant zu sein, der vermieden werden muss. Den Gegenseiten zuzuhören und zu versuchen, sie zu verstehen, kann Sie von unzähligen zukünftigen

Unannehmlichkeiten befreien. "Toadies" sind Experten darin, das zu sagen, was wir hören wollen, und ebenso Experten darin, das zu verbergen, was wir hören müssen. In meinen Gesprächen mit unzähligen jungen Angolanern habe ich versucht, sie zum Studium von Fächern zu führen, von denen die Leute sagen, dass sie kein Geld verdienen, die aber für ein besseres politisches Verständnis grundlegend sind, wie Soziologie, Philosophie, Geschichte, Psychologie. Die meisten von ihnen haben mit dem menschlichen Bereich zu tun.

Wenn mein einziges Ziel oder das, was ich meinen Kindern und Freunden in den Sinn setze, nur darin besteht, Geld zu verdienen, müssen wir meiner Meinung nach so schnell wie möglich NACHDENKEN und uns ändern.

Sehr verbunden mit dem Ziel Geld verdienen ist die Idee von VALE TUDO. Dort nähren wir Korruption und andere Übel.

Wie wir in diesen Tagen (2021) sehen können, sind die meisten Politiker in ihrer Karriere genau mit dem Ziel, Geld zu verdienen und sogar ein Vermögen zu machen.

Nur wenige haben den Ehrgeiz, GESCHICHTE ZU MACHEN. Dies sind die wesentlichen, die ihren Namen in die Geschichte eingehen und die Lebensqualität ihrer Bevölkerung erheblich verbessern werden.

Geld sehe ich vor allem als Energieform. Eine notwendige Energie, um Träume wahr werden zu lassen.

VERBESSERN SIE DIE QUALITÄT UNSERER TRÄUME.

Wenn meine Träume nur zu haben sind:
- Luxusautos;
- Latonas und mehr Latonas (Frauen und mehr Frauen);
- Häuser und mehr Häuser;
- Führen Sie unzählige teure Reisen in die Paradiese der Erde durch.
Vielleicht erfahre ich erst viel später, dass mich diese Träume allein nicht

zu einem glücklichen Menschen machen können. Auch weil ich von zahlreichen falschen "Freunden" umgeben sein könnte.

Ich habe einen Freund, der sagt: Willst du wissen, wer deine wahren Freunde sind? BLEIBEN SIE ARM.

Sehen Sie, dass ich nachdrücklich betone, dass unsere Träume gerade in politischen Positionen anders sein müssen:
- Erhöhen Sie die Anzahl der Arbeitsplätze:
- Investoren anziehen;
- Verbesserung der Lebensbedingungen meines Volkes;
- Bekämpfung und Reduzierung aller Arten von Korruption;
- Sorgen Sie für maximale Transparenz bei der Verwaltung öffentlicher Vermögenswerte;
- Reduzieren Sie die Kindersterblichkeitsrate...

DER NEGRO UND DIE KRAFTARMEN MÜSSEN GENAU ZUR ERADIKATION DES PARADIGMS FÜHREN: ICH BIN IN DER POLITIK, UM MICH ZU bereichern.

Bist du bereit, Macht auszuüben?

Hier ist eine schwierige Antwort. Alle Arten des Personalmanagements sind hochkomplex. Die Verwaltung eines Landes ist nicht einfach. Da es nicht überall sein kann, ist es wichtig, sich mit gut vorbereiteten und gut gemeinten Beratern zu umgeben, da viele Entscheidungen getroffen werden müssen und mit falschen Informationen eine ganze Regierung weggeworfen werden kann.

Sehen Sie, wie wichtig BILDUNG UND SCHULUNG ist, denn Sie können Führungskräfte nicht über Nacht ausbilden.

Die interne und externe Vorbereitung ist von größter Bedeutung, da Sie alle Kräfte verstehen müssen, die auf Ihr Management einwirken. Positive Kräfte und negative Kräfte.

Auch kurzfristige Maßnahmen oder gar Stimmengewinne können schädlich sein, da die Gabe bitterer Medikamente ausreichen kann.

MITTEL- UND LANGFRISTIGE VISION.

Gerade die Jüngeren tun sich, selbst getrieben von der Geschwindigkeit der heutigen Technologien, schwer damit, auf Dinge zu warten. Nicht alle Maßnahmen, die Sie in der öffentlichen Verwaltung ergreifen werden oder nicht, bringen kurzfristig Rendite und die Kritik wird natürlich hart ausfallen.

ÜBERPRÜFEN SIE DIE LITURGIEN DER BÜROS

Viele in der Vergangenheit geschaffene Stellen nahmen bestimmte Konfigurationen ein, die dringend überarbeitet werden müssen. Einer von ihnen ist der Botschafter.

Von der Ernennung bis zur Ernennung müssen sie die Konstruktion von Wegen berücksichtigen, die das Kommen und Gehen von Reichtümern ermöglichen. In Buch 3 der Afrika-Sammlung "Die Bedeutung von African Diaspora in the New Decolonization of Africa" habe ich darauf aufmerksam gemacht, dass es nicht einmal einen schwarzen brasilianischen Botschafter in Afrika gibt. Es ist etwas Ernstes, wenn die Mehrheit der brasilianischen Bevölkerung eben Afro-Brasilianer sind.

In dem Buch AFRICANO DE ALMA stelle ich die wichtigsten Paradigmen dar, die schwarze Menschen im Laufe der Jahrhunderte in diesen wahren Obskurantismus gebracht haben.

In politischer Hinsicht sind die Schwarzen und die Armen wirklich schlecht. Wenn wir das nicht ändern, werden wir Jahrhunderte und Jahrhunderte des Unglücks verbittern.

Wir müssen diesen Veränderungsprozess von jedem von uns aus starten. Die Schuld nicht auf andere zu schieben, die trotz Schließung aller möglichen Größen nicht die einzigen Schuldigen sind.

Diese reale Entfremdung, in der wir leben, in der wir nur wenige oder fast keine strategischen Sektoren in der Entwicklung der Länder einnehmen, in denen wir uns befinden, muss gebrochen werden und wir winken aus unseren Gedanken unzähligen Aktionen auf der Suche nach Wissen, Vorbereitung und Besetzung im großen Stil prominente Plätze auf der Weltbühne.

In unserer jüngsten Geschichte müssen wir BARACK OBAMA als großartiges Beispiel hervorheben. Es besetzte das Weiße Haus nicht willkürlich. Sie hat sich darauf vorbereitet und bereitet nach dem, was ich in ihrer Stiftung verfolgt habe, neue junge Leute aller Couleur vor, damit sie zukünftige und wichtige Leistungen in den Positionen haben können, die sie in den kommenden Jahren bekleiden werden.

obama.org

WISSENSCHAFT

Wir müssen die neue Generation von Schwarzen und Armen für die Bedeutung der Wissenschaft wecken, die für die Veränderung des Lebens der Menschen auf der ganzen Welt von grundlegender Bedeutung ist.
Interesse, Forschung, Forschung und ständige Studien.

EIN MENSCHEN OHNE WISSENSCHAFT IST EIN MENSCHEN OHNE ZUKUNFT.

Wissenschaft kann und muss in Entwicklungsländern betrieben werden, denn das Fehlen einer Gemeinschaft ist einer der Gründe für die Verzögerung.
Ein Teil des Geheimnisses besteht darin, zu wissen, welche Wissenschaften gepflegt und unterstützt werden müssen. Lassen Sie uns vorerst diejenigen Wissenschaften verwerfen, die eine hohe Investition in wissenschaftliche Instrumente erfordern, wie die Kernphysik, Astrophysik und Neurowissenschaften.

Alle Fächer haben einen theoretischen Anteil, der nur Hirn, Bleistift und Papier erfordert, sowie Seminare und Kongresse, auf denen Ideen ausgetauscht werden können.

So kann sich beispielsweise eine Gruppe von Mathematikern, die sich einmal pro Woche treffen möchte, überall treffen, um eigene Ideen und die von ausländischen Kollegen zu diskutieren.

Wie der Argentinier Mario Bunge in seinem auf dem Portal universeracionalista.org veröffentlichten Artikel "Can science be done in the Third World? Dieses Problem ist sehr ernst, daher kann die Unabhängigkeit nur für eine begrenzte Zeit funktionieren.

Diese Schlussfolgerung erinnert uns wiederum daran, dass es keine Wissenschaft ohne eine günstige Regierung gibt. Insbesondere die neoliberalen Regierungen wüten über die grundlegende [desinteressierte]

Wissenschaft, weil sie ihr vorwerfen, nicht zum BIP beizutragen. Sie ignorieren, dass die Ingenieurwissenschaften auf den exakten Wissenschaften basieren, die Medizin auf der Biologie und die angewandten Sozialwissenschaften auf den grundlegenden Humanwissenschaften.

Zusammenfassend lässt sich sagen, dass theoretische Wissenschaft während der Entwicklungsphase durchgeführt werden kann und sollte, aber diese Aufgabe ist viel schwieriger als einfachere. Dies erfordert eine notorisch außergewöhnliche Berufung und Willenskraft. Es ist wie der wasserdichte Test, um Hexen zu finden: Wer schwimmt, ist verzaubert. Helfen wir denen, die es wagen zu schweben! Zauberer der Dritten Welt, vereinigt euch in Seminaren!

Mario Bunge (1919-2020) war Physiker und Wissenschaftsphilosoph und laut der Zeitschrift Science einer der meistzitierten spanischsprachigen Denker der Geschichte. Er war Ehrenmitglied des Rationalist Universe. Er promovierte in Mathematischer Physik an der Universität La Plata, erhielt rund 21 Ehrendoktorwürden und studierte Kernphysik am Astronomischen Observatorium von Córdoba.

SOZIALWISSENSCHAFTEN

Eine Reihe von Themen, die den Menschen durch seine Beziehungen zur Gesellschaft und Kultur untersuchen.

Fragen des Menschen in der Gesellschaft begannen die Aufmerksamkeit der Gelehrten zu verdienen und nahmen ab dem 18. Jahrhundert einen wissenschaftlichen Charakter an. Aus dieser Zeit stammen die ersten Studien über das Handeln des Menschen in der Gesellschaft sowie über seine Beziehungen zu seinen Mitmenschen. In diesem Jahrhundert wurde die politische Ökonomie geboren.

Im 19. Jahrhundert erscheinen jedoch die meisten Disziplinen, die zum Bereich der Sozialwissenschaften gehören, wie Anthropologie, Soziologie und Politikwissenschaft. Diese waren in ihrer Entstehung stark von den Gesellschaftstheorien der damaligen Philosophen beeinflusst, insbesondere von Comte, Marx und Spencer.

Im 20. Jahrhundert erlebten die Sozialwissenschaften eine breite Entwicklung, die sich nicht mehr auf Werke von großem wissenschaftlichen Umfang beschränkte, sich demokratisierte und auf höhere und weiterführende Schulen abstieg und zu einem Studienobjekt der Studenten wurde.

Auch das Fächerspektrum der Sozialwissenschaften hat sich erweitert und umfasst neben den bereits erwähnten auch Psychologie, Ethnologie und Humangeographie. Obwohl diskutiert, ist es auch üblich, Geschichte, Philosophie und sogar Rechtswissenschaften in die Sozial- und Humanwissenschaften zu integrieren.

Die im Rahmen der Sozialwissenschaften durchgeführten Arbeiten folgen einer eigenen Methodik, die auf qualitativen und quantitativen Daten basiert. Die wichtigsten Mittel, um sie zu erhalten, sind: Umfrage, Interview, Fragebogen, Dokumentenanalyse, direkte Beobachtung, teilnehmende Beobachtung und Statistik.

Heute hat die beschleunigte technologische Evolution dem Fortschritt der Sozialwissenschaften einen sehr wichtigen Schritt gegeben, indem sie die Entwicklung und Vervollständigung empirischer Studien mit quantitativen Mitteln ermöglichte und so echte wissenschaftliche Theorien über das Verhalten des Menschen als sozialer Akteur hervorbrachte.

Im Bereich der Sozialwissenschaften haben wir im allgemeinen Kontext viel beizutragen. Da wir größtenteils am Rande der entwickelten Gesellschaft leben, müssen wir zu WAHREN SOZIALWISSENSCHAFTLERN werden, damit wir neue Regeln diktieren und Veränderungen beeinflussen können.

Auf dem afrikanischen Wiegenkontinent beobachten wir, dass vieles aus Europa kopiert wird und sogar aus den USA. Das Problem ist, dass diese Kopie aus Sicht der Sozialwissenschaften angesichts des großen Unterschieds viel mehr schadet als nützt.

Innerhalb meines Forschungsbereichs, der dieses Jahr 2021 abgeschlossen wird, genau 21 Jahre Arbeit, davon 10 in Afrika, kann ich Ihnen versichern, dass Afrika in vielen sozialen Aspekten gesünder ist als der Rest der Welt.

Sie haben immer noch einen sehr starken FAMILIENKERN, während wir ihn in weiten Teilen der Welt bereits verloren haben. Ich glaube, Afrika hatte keine Zeit, ihn zu verlieren.

Aus diesem Grund ist es notwendig, sich in der Sozialwissenschaft aus Afrika selbst zu entwickeln, aus seinen Parametern, ohne jemanden zu kopieren. DIE FÖRDERUNG DES SOZIALEN WOHLBEFINDENS en masse wird zu einem der Hauptziele von Machbarkeitsstudien.

Dem Sozialwissenschaftler in Afrika kommt eine extrem wichtige Rolle zu, weil es an ihm liegt, neue Konzepte und Parameter zu formulieren, die genuin afrikanisch sind, die dann in den Schulen gelehrt werden. Ich glaube, dass dies einer der ersten und wichtigen Schritte zur GEISTIGEN DECOLONISIERUNG in Afrika ist.

Der Sozialwissenschaftler braucht viel, um die Politik zu beeinflussen, damit die neuen Machthaber anderen Regierungsparametern folgen können, um Armut und den Unterschied zwischen den sozialen Schichten zu reduzieren.

Sauberere Städte mit einem weiterentwickelten öffentlichen Nahverkehr werden wichtiger als der Import von Luxusautos und demonstrieren einen gewissen Status, der eher auf korrupte Handlungen als auf durch produktive Mittel erworbene Reichtümer zurückzuführen ist.

MEHR MARIELES UND WENIGER BOLSONAROS

In Brasilien, einem der Hauptvertreter der Dritten Welt, müssen Sozialwissenschaftler dazu beitragen, MEHR MARIELES mit definierten sozialen Zielen zu schaffen, die der Stärkung von Frauen, Armen, Schwarzen und der Minderheit im Allgemeinen dienen, damit wir eine Gesellschaft pluraler und weiterentwickelt.

Mariele Franco

DIE 50 WISSENSCHAFTSTYPEN
Fonte: https://simplicable.com/new/science

Wissenschaft ist die systematische und objektive Suche nach Wissen basierend auf falsifizierbaren Vorhersagen (die durch eine Beobachtung widerlegt werden können),
die durch Experimente oder Beobachtungen getestet werden können. Obwohl die Wissenschaft die Wahrheit sucht, ist sie immer offen für Herausforderungen, die auf überprüfbaren Fakten beruhen. Eine Theorie oder ein wissenschaftliches Gesetz kann weithin akzeptiert und für alle praktischen Zwecke als wahr verifiziert werden. Es gilt jedoch nie als endgültig und dauerhaft, so dass es durch neue Entdeckungen in Frage gestellt werden kann. Im Folgenden sind die Wissenschaftszweige mit Beispielen aufgeführt.

Formale Wissenschaft
Formale Wissenschaften sind Wissenssysteme, die auf abstrakten Konzepten basieren, die durch Symbole dargestellt werden, die auf andere Wissenschaften weithin anwendbar sind. Sie verlassen sich oft darauf, dass diese Systeme mit hoher Sicherheit intern korrekt sind.

Informatik
Mathematik
Systemwissenschaften
Logik
Statistiken

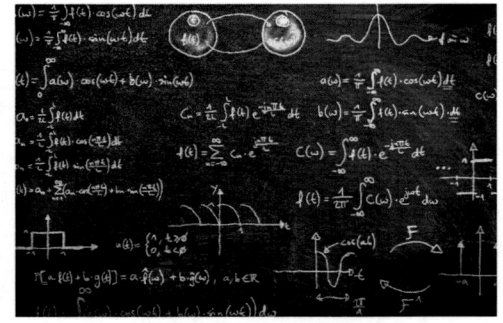

Naturwissenschaft
Naturwissenschaft ist der Gebrauch der Wissenschaft, um die physikalische Welt zu verstehen. Da sich diese Wissenschaften mit

physikalischen und beobachtbaren Phänomenen befassen, gelten sie als harte Wissenschaften, bei denen der Beweisstandard zu hoch ist, als dass eine Theorie akzeptiert werden könnte. Die Übereinstimmung mit der wissenschaftlichen Methode ist in den Naturwissenschaften relativ hoch, wobei Peer Review und Reproduzierbarkeit für die Akzeptanz einer Theorie erforderlich sind.

- Astronomie
- Biochemie
- Chemie
- Geographie
- Materialwissenschaften
- Paläontologie
- Zoologie
- Atmosphärenwissenschaften
- Biologie
- Erdkunde
- Geologie
- Ozeanographie
- Physik

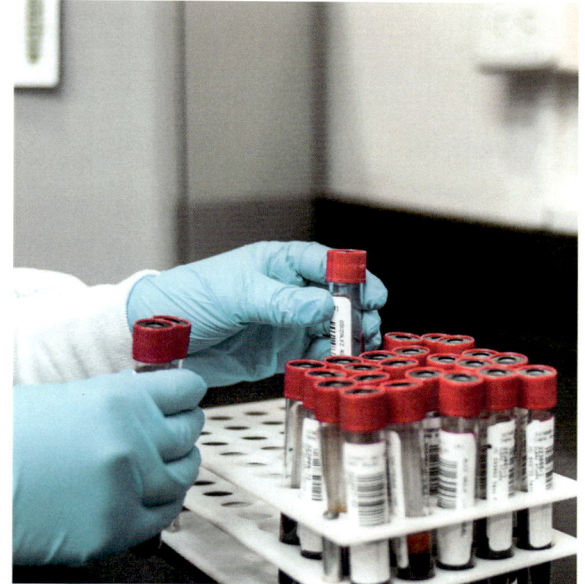

Angewandte Wissenschaft

Der Einsatz von Wissenschaft zur Lösung von Problemen in der realen Welt. Darunter versteht man die Entdeckung von Know-how und die Entwicklung von Aktionsplänen auf Basis des natur- und formwissenschaftlichen Grundlagenwissens. Zum Beispiel ein Architekt, der Physik, Mathematik und Materialwissenschaften verwendet, um die Windlast zu bestimmen, die die Fassade eines Gebäudes tolerieren kann.

- Luftfahrttechnik
- Angewandte Mathematik
- Die Architektur
- Chemieingenieur
- Informatik und Ingenieurwissenschaften
- Umweltwissenschaft
- Gesundheitswissenschaft
- Maschinenbau

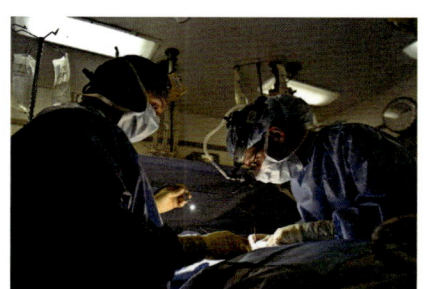

- Pharmakologie
- Weltraumwissenschaft
- Tiermedizin
- Agrarwissenschaft
- Angewandte Physik
- Bioingenieurwesen
- Tiefbau
- Elektrotechnik
- Forensik
- Wirtschaftsingenieurwesen
- Medizin
- Physiotherapie
- Weltraumwissenschaft

Sozialwissenschaften

Sozialwissenschaft ist das Studium von Gesellschaften und Individuen. Dies gilt als weiche Wissenschaft, bei der Theorien auf informeller Logik, ungenauen Messungen oder Studien ohne wissenschaftliche Strenge basieren können. In Bereichen wie der Psychologie ist es üblich, dass Studien, die der wissenschaftlichen Methode entsprechen, durch nachfolgende Studien nicht überprüft werden.

- Anthropologie
- Kognitionswissenschaft
- Wirtschaft
- Bibliothekswesen
- Politikwissenschaft
- Soziologie
- Archäologie
- Kommunikationswissenschaft
- Menschliche Geografie
- Sprachwissenschaft
- Psychologie

DIE GESUNDHEIT

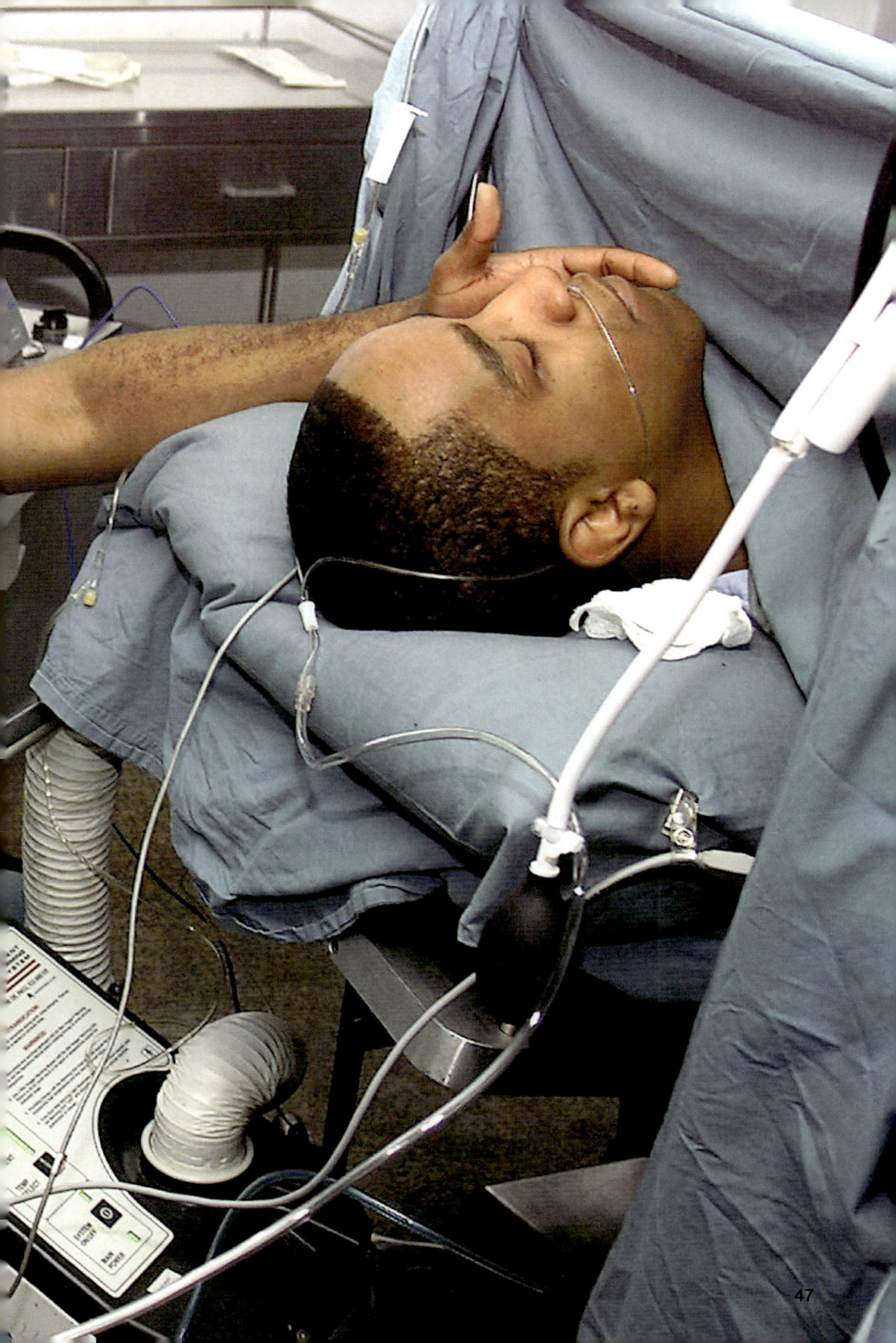

Quelle: https://p.dw.com/p/3ANvz

Ich könnte dieses wichtige Thema in dem Buch nicht noch einmal beginnen, ohne mit der kubanischen Initiative zu beginnen, ganz zu schweigen von den kubanischen internationalen Missionen, die immer noch in mehr als 60 Ländern der Welt Gesundheitsdienste anbieten. Ungefähr 50.000 kubanische Gesundheitsfachkräfte arbeiten im Ausland, oft in schwer zugänglichen und gefährdeten Gebieten. Wie kam es, dass ein relativ kleines Land wie Kuba genügend Fachkräfte ausbildete, um nicht nur den Bedarf des Gesundheitssektors der Insel zu decken, sondern sie auch zu internationalen Missionen zu entsenden?

Die Geschichte von Kubas "weißen Kitteln"

Die erste internationale medizinische Mission verließ Kuba am 23. Mai 1963. Etwa 50 Angehörige der Gesundheitsberufe reisten als Freiwillige nach Algerien, einem Land, das im Jahr zuvor von Frankreich unabhängig geworden war.
Vor der Unabhängigkeit waren die meisten Ärzte des Landes Franzosen. Im Nachkriegs-Algerien, einem Land im Wiederaufbau, fehlte es an medizinischem Personal. Es war Fidel Castro, der kubanische Präsident, der die Freiwilligen aufrief, nach Algerien zu gehen. „Heute können wir 50 schicken. Wer weiß wie viele in acht oder zehn Jahren, damit wir unseren Brudervölkern helfen können. Denn jedes Jahr werden wir mehr Ärzte haben", sagte Castro in einer Rede.
Auch Kuba begann damals mit dem Wiederaufbau seines Gesundheitssystems. Drei Jahre lang war die Universität von Havanna auf Beschluss des kubanischen Diktators Fulgencio Batista geschlossen worden. Es wurde 1959 nach dem Sieg der kubanischen Revolution durch Castro wiedereröffnet.
Von den etwa sechstausend Ärzten, die nach der Revolution im Land

verblieben waren, wurden mehrere Universitätsprofessoren und widmeten sich der Lehre und Ausbildung von Gesundheitsberufen.

Viele Hochschulen bilden Ärzte in Kuba aus

Heute bilden 13 Universitäten, 25 Fakultäten für medizinische Wissenschaften, vier Fakultäten für Zahnmedizin und andere Fakultäten, Schulen und Zweigstellen davon medizinische Fachkräfte in Kuba aus, wie das Gesundheitsministerium des Landes mitteilt.

Kuba beendete das Jahr 2017 nach Angaben des Ministeriums mit fast 92.100 Ärzten, darunter auch in Auslandsvertretungen. Kuba ist nach Angaben der Weltgesundheitsorganisation mit 670 Ärzten pro 100.000 Einwohner eines der Länder mit der höchsten Ärztequote pro Kopf der Welt. Fast doppelt so viel wie Deutschland mit nur 380 Ärzten pro 100.000 Einwohner oder Portugal (343) und deutlich mehr als in afrikanischen Ländern wie São Tomé und Príncipe (49), Kap Verde (30), Angola (17 Ärzte), Guinea-Bissau (7) Mosambik (4).

Freiwillige im Ausland arbeiten oft an Orten, die einheimische Ärzte nicht erreichen oder nicht erreichen wollen. Wie das kubanische Außenministerium betonte, arbeiteten kubanische Ärzte in Brasilien "in ländlichen Gebieten, im Amazonasgebiet, in indigenen Gemeinschaften und in Risikogebieten, wo es keine anderen Ärzte gab". Insgesamt arbeiteten mehr als 8.300 kubanische Fachkräfte im Programm „Mais Médicos" in Brasilien.

Gesundheit als wichtigstes Exportgut Kubas

Aber auch die kubanischen medizinischen Dienste im Ausland sind die Haupteinnahmequelle der Insel Kuba und übertreffen die Einnahmen aus dem Tourismus. Der Ex-Wirtschaftsminister von Kuba, José Luís Rodríguez, hatte in verschiedenen internationalen Veröffentlichungen erklärt, dass der Export von professionellen Dienstleistungen der Insel schätzungsweise 11,5 Milliarden Dollar pro Jahr einbrachte.

Kubanische Ärzte in Brasilien erhielten nur 30 % des Gehalts des „Mais Médicos"-Programms und der Rest wurde nach Angaben des kubanischen Außenministeriums in den Ausbau der Universaldienste im kubanischen Gesundheitssystem investiert.

Gleichzeitig zahlte das kubanische Gesundheitsministerium 100 % des kubanischen Gehalts (das weniger als 70 Dollar im Monat entspricht) an die Mitarbeiter des Programms. Das Ministerium begründete die Summe damit, dass es die Freiwilligen selbst seien, die "frei und nach eigenem Ermessen entscheiden, die Gehälter zu teilen, um das kubanische Gesundheitssystem zu stärken". In Kuba sind sowohl das Gesundheits- als auch das Bildungssystem kostenlos - und dafür müssen sie finanziert werden.

Das Ende des „Mais Médicos"-Programms in Brasilien könnte der kubanischen Wirtschaft einen Schlag versetzen. Andererseits: Wenn die Arbeit der kubanischen Ärzte in Brasilien wirklich ein so wichtiger Anreiz für die Wirtschaft der Insel war, warum hat sich dann die kubanische Regierung entschieden, ihre Fachkräfte abzuziehen? Auch über Twitter sagte der kubanische Präsident Miguel Díaz-Canel: "Prinzipien werden nicht verhandelt, sie werden verteidigt".

Soweit ich weiß über die schwer zugänglichen Gebiete sowohl in Brasilien als auch in Afrika, war und ist es für mich eine große Befriedigung, die Arbeit der kubanischen Ärzte genau beobachten zu können. Tatsächlich gibt es außerhalb der Politik, von internationalem Interesse, eine viel bessere Welt, als der Durchschnitt (Medien) offenbart.

Zu Gunsten der BBC, nicht Londons, sondern der BBC - Cuban White Batas haben wir zwei große und wichtige Fragen:

1.) Länder mit Ärzten, aber die meisten ohne oder mit geringem Interesse in abgelegenen Gebieten arbeiten;
2.) Länder ohne genügend Ärzte und mittel- und langfristig noch in der Ausbildung von Ärzten.

In Angola sah ich im Jahr 2012, wie ich in meinem Buch Celso Salles - Biography in Black and White erwähne, die schöne Arbeit kubanischer Ärzte in Caculama, einer kleinen Stadt in der Provinz Malange. Die Regierung baute ein schönes Hauptquartier für die kubanischen Ärzte, die in einem ebenfalls von der Regierung Angolas gebauten Krankenhaus arbeiteten.

Ein Ort in Afrika, ohne Freizeitmöglichkeiten, Nahrung und Strom durch Generatoren und selbst dann nur für wenige Stunden am Tag, würde kaum das Profil aller Ärzte weltweit auf sich ziehen. Selbst wenn der Arzt zustimmte, in Caculama zu arbeiten, glaube ich, dass sich die Familie des Arztes kaum daran gewöhnen würde.

Es ist sehr einfach, Rezensionen und weitere Rezensionen über die BBC zu schreiben, ohne zu wissen oder zu kennen, wo sie auf der Welt arbeiten.

Das Letzte, was ein Patient in abgelegenen Gebieten wissen möchte, ist die Nationalität des Arztes.

Bei diesem so wichtigen Thema müssen wir, Ärzte oder nicht, in uns selbst schauen und uns fragen, was wir als Menschheit falsch machen.

- Als Regierung: Wir schaffen nicht die geeigneten Strukturen, um allen unseren Bürgern gleichberechtigt zu dienen, unabhängig davon, wo sie sich befinden;
- Als Ärzte: Wir vergessen unsere Eide und lassen uns von den Reizen der großen Zentren und dem Status, den uns der Beruf gesellschaftlich verleiht, mitreißen;
- Als Menschheit im Allgemeinen: Wir berechnen weder das eine noch das andere. Weder Regierung noch Ärzte.

GEDANKEN UND SOLIDARITÄTSAKTION

Hier in Angola hatte ich die Gelegenheit, ein wunderschönes EXPO SAÚDE-Projekt zu unterstützen, das von der Associação COROA DA VIDA durchgeführt wurde. Sie werden vollständig von Ärzten bezahlt und bedienen Gebiete von Luanda, in denen die Bevölkerung im

EXPO-SAÚDE Angola
www.coroadavida.org

Gesundheitsbereich nur wenige Ressourcen hat.

Wie ich in allen Büchern der Afrika-Sammlung geschrieben habe, geht es uns als Menschheit schlecht und wir müssen den Lauf der Dinge ändern, damit wir in allen Bereichen und insbesondere in denen, die für das menschliche Leben lebenswichtig sind, DIE GRUNDSÄTZE ÜBER ALLEM GESCHÄFT.

Wir alle müssen überleben, aber einige brauchen Hilfe. Regierungen wurden geschaffen, um sich um die Menschen zu kümmern, nicht um ihr Volk zu töten oder sterben zu lassen.

Besonders ich träume von den kommenden Jahrhunderten, in denen unsere nächsten Generationen stolz darauf sein können, zur Menschheit zu gehören.

In unserer Generation WURDE ALLES BUSINESS. Ich habe mit unzähligen jungen Menschen in verschiedenen Teilen der Welt Kontakt gehabt, die von einem Medizinstudium träumen, aber die finanziellen Hindernisse sind alle. Nur eine Klasse der wenigen Privilegierten schafft es, Medizin zu studieren, und die meisten dieser Absolventen kommen aus einem sehr komfortablen und vornehmen Leben, die kaum in die vier Ecken ihrer Länder gehen werden, um sich um die armen Leute zu kümmern, die nicht die Ressourcen für sie bezahlen.

Ich sehe nur einen Ausweg: KUBA UNTERSTÜTZEN UND KOPIEREN, anstatt die ohnehin wohlhabenden nationalen Ärzte zu schützen. Schließlich geht es darum, sich um die Menschen zu kümmern und nicht den Markt vor denen zu schützen, die vorrangig auf ein Leben voller Nutzen und sozialer Anerkennung setzen.

Auf unserer Seite müssen wir uns in die Köpfe und Herzen unserer schwarzen und armen Kinder einpflanzen, damit sie nicht nur von ihren künstlerischen und fußballerischen Gaben leben, sondern alles tun, um Ärzte zu werden, geformt von den Schmerzen der Armut , wen mögen sie zu den Armen und Bedürftigen gehen und sich um sie kümmern.

Wir als Eltern, Lehrer und Ältere im Allgemeinen haben viel Einfluss auf die Jüngeren. Wir müssen diese Macht nutzen, um sie zu infizieren, um neue und wichtige Träume zu suchen.

Die Bücher der Afrika-Sammlung bewegen sich um die Welt und mein großer Traum ist es, diese wundervollen neuen Samen in die Köpfe und Herzen von Menschen auf der ganzen Welt zu pflanzen, unabhängig von ihrem Glauben, ihrer Hautfarbe und Rasse. Wenn wir alle unter der gleichen Sonne, in der gleichen Mutter Natur sind, haben wir den Beweis, dass wir alle der gleichen Rasse angehören, der menschlichen Rasse.

Wir müssen unbedingt zum Politischen Thema dieses Buches zurückkehren und an der Tatsache festhalten, dass diejenigen, die die Macht in der Welt besetzen, die herrschenden Klassen sind, die an privilegierten Orten bleiben und die Welt Generation für Generation zu einem wahren und stillen Holocaust führen , mit Millionen von Todesfällen jährlich.

Da auch die Medien dominieren, ist der Hilferuf der Bedürftigsten ein stummer Schrei, ohne das geringste Echo oder Nachhall.

Geben wir auf? NOCH NIE.

Wir müssen hart sein und tausendmal härter arbeiten. Wenn wir falsche Gedanken und noch mehr falsche Gedanken erben, müssen wir neue und wichtige Gedanken erschaffen, die unsere neuen Generationen auf der ganzen Welt leiten.

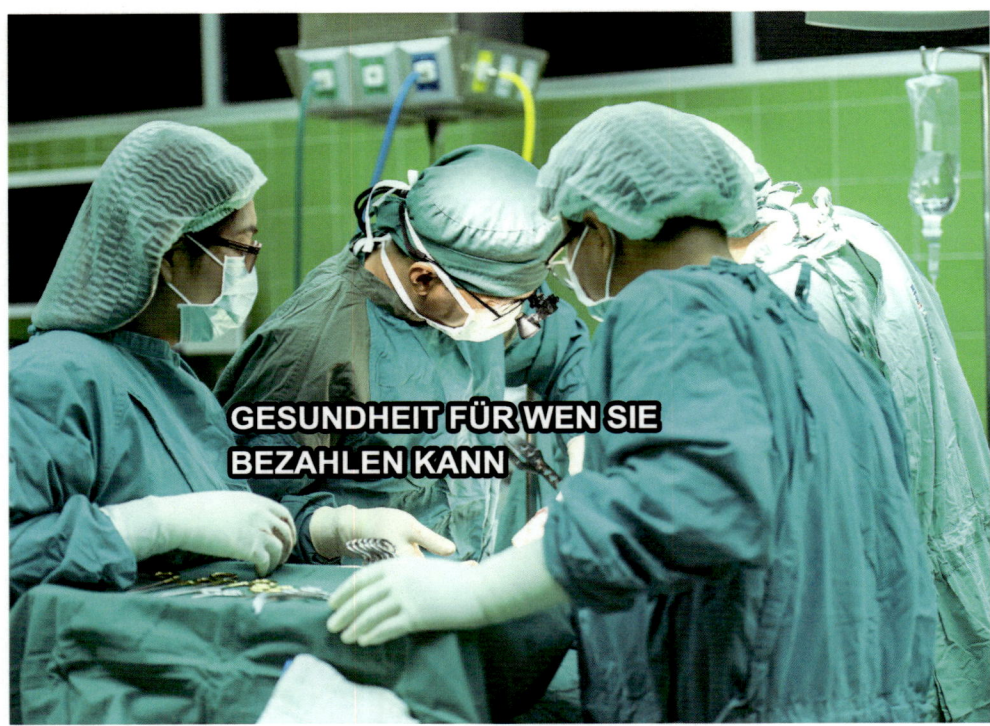

GESUNDHEIT FÜR WEN SIE BEZAHLEN KANN

GESUNDHEIT FÜR WEN
KANN ES SICH NICHT
LEISTEN

GESUNDHEIT FÜR ALLE

BILDUNG

learning

for tomorrow

Career

Contract

In pädagogischer Hinsicht kann ich angesichts der großen Masse von Schwarzen und Armen in der Welt sagen, dass es immer schlimmer wird. Es gibt nur wenige, die Zugang zu Bildung haben, und an manchen Orten haben wir nicht einmal Bildung. Das Bild könnte negativer nicht sein. Und deshalb fasziniert es mich so sehr: WIR HABEN ALLES ZU TUN. Wir können nirgendwo weiter nach unten gehen. Wir sind am Boden des Brunnens.

WIR MÜSSEN UNS AUS NICHTS NEU ERFINDEN.

Wenn wir aufhören zu denken, haben wir nur die Möglichkeit zum AUF. Weiter fallen, unmöglich.

Natürlich ändert sich das von Land zu Land sehr, aber insgesamt ist unser HUMAN DEVELOPMENT INDEX extrem niedrig.

In dem Buch DAS NEUE BRASILIANISCHE AFRIKA habe ich wichtige Gedanken gemacht, um eine große Veränderung zur Verbesserung des HDI in Brasilien-Afrika, auf dem afrikanischen Kontinent und in der Welt im Allgemeinen einzuleiten.

Wir alle warten auf die Ankunft eines großen Retters, der uns auf diese neuen Wege führt. Ich bin zu dem Schluss gekommen, dass dieser große Retter WIR SELBST SIND. Unsere Bereitschaft zur Veränderung. Unser Ausstieg aus dem Konformismus und die Verwirklichung unzähliger Aktionen zur Bildung und Massenbildung der schwarzen und armen Menschen.

Als ich in den 90er Jahren des 20. Jahrhunderts im kaufmännischen Bereich der damals größten Brauerei Brasiliens arbeitete, sagte Cervejaria Brahma, mein kaufmännischer Direktor Wilson Tomao: gelöst.

Ein anderer großartiger Freund, Sérvio Túlio Coube, damals Präsident von Tilibra - Größter Hersteller von Notizbüchern und Tagebüchern in Brasilien, sagte mir: Salles, nicht alles kann geändert werden, aber nichts kann geändert werden, bis man sich damit konfrontiert sieht. Und derselbe Serbe sagte mir: Es ist besser, ungefähr heute zu tun, als genau nie. Im Allgemeinen waren diese 3 wichtigen Gedanken die Grundlage für meine wichtige Reise.

59

Wenn wir für jedes Land oder jedes Volk eine Zeitleiste erstellen könnten, würden wir leicht erkennen, dass einige bereits in der Zukunft liegen und viele andere weit hinter der Zeit zurückliegen. Bei Reisen durch mehrere Länder ist dies deutlich zu erkennen. Und alles wird noch komplizierter, wenn wir sehen, dass niemand stillsteht. Wer vorne

Der Kenianer Eliud Kipchoge, Goldmedaillengewinner beim Tokyo Men's Marathon.

Ich sah die Übertragung des Marathons der Männer und sah, wie der portugiesische Sprecher gerührt sagte, dass die Silber- und Kupfermedaillen nach vielen Jahren von zwei Europäern gewonnen wurden. Mein Gott im Himmel, wie lächerlich. Afrikanern die Nationalität zu geben, um einen Eroberungsverdienst zu erlangen, ist absurd. Lass uns das ändern. Europa wird lernen müssen zu leben, ohne sich weiterhin das Eigene anzueignen. Ich glaube an die neue Generation von Europäern.

ist, muss laufen, denn er weiß, wer hinten kommt, hat das Ziel, ihn zu erreichen. Richtig oder falsch, das war die Dynamik der Menschheit. Wenn wir darüber nachdenken, unser großes Rennen, schwarz und arm, zu starten, um die vorderen einzuholen und sogar zu übertreffen, können wir sofort entmutigt werden. Wenn wir also zuerst anfangen, die Distanz

Kenia gewann die Gold- und Silbermedaillen beim Frauen-Marathon von Tokio 2021.
Gold: Jepcirchir Peres;
Silber: Brigid Kosgei

erkennen, die uns trennt, und bald nachdem wir unsere Stärken und Schwächen wirklich studieren, können wir zu dem Schluss kommen, dass unsere Stärken viel größer sind als wir dachten und wir haben die Chance, diese zu übertreffen die an unserer Seite sind, vorwärts und eine viel bessere Zukunft schmieden, als wir es von unseren versklavten und kolonisierten Generationen geerbt haben.

In dem Buch A NOVA AFRICA BRASILEIRA habe ich, ohne Angst zu haben, glücklich gemacht, wie wichtig es ist, Fachleute auf den afrikanischen Kontinent zu bringen, die auf die Ausbildung von technischen Arbeitskräften in verschiedenen Sektoren spezialisiert sind. Es hat keinen Sinn, Menschen weiterzubilden, die nach ihrem Abschluss nirgendwo arbeiten können. Wir werden weiterhin auf spezialisierte Fremdkräfte setzen.

Viel schneller, als wir es uns vorstellen können, werden wir zahlreiche Industrien schaffen, die uns unsere Abhängigkeit vom Öl sowie von kostbaren Mineralien, die nicht mehr nur der Schönheit dienen, reduzieren und unzählige andere wichtige Verwendungen ermöglichen.

Jedem Wachstum müssen ein oder mehrere Gedanken und dann praktische Maßnahmen vorausgehen.

Es gibt nichts Kompliziertes.

Erstens: WAS BRAUCHT MEIN LAND?
Beginnen Sie mit der Auflistung aller Hauptbedürfnisse in Ihrem Land.

Zweitens: WER SIND DIE BESTEN IN JEDEM DIESER BEDÜRFNISSE?

Drittens: Nacheinander beginnt der Mechanismus zur Erstellung der verschiedenen Geschäftspläne, wobei TRAINER und TRAINER in Betracht gezogen werden, die sich später vermehren werden.

Was so etwas am meisten verhindert, ist: MEINE PRIORITÄTEN VOR DEN PRIORITÄTEN DES LANDES ZU STELLEN.

Und dann beginnt die Zerstörung:
- Was wird meine Provision sein...
- Wo meine unvorbereiteten Verwandten zur Arbeit gehen...
- Alles, was ich erschweren kann, um die Anlage später zu verkaufen...

Und wieder schwebt mein Land im Wohlstand.

Fazit, wenn wir diese Süchte nicht beenden, werden diese Süchte uns beenden.

Jeder, der beim Lesen dieser Worte die Möglichkeit hat, eine engere Beziehung zu mir aufzubauen, wird sich daran erinnern, dass ich dies in unseren Gesprächen immer gesagt habe.

Kurzum: WIR MÜSSEN ANKOMMEN, UM ZU ÄNDERN, WAS FALSCH IST, IST DABEI.

Dies muss das Denken der neuen Generationen sein. Und wenn wir weiterhin den Lehrplan der unzähligen Formationen unserer Absolventen kopieren, OHNE ZU ANALYSIEREN, WAS SICH ÄNDERN MUSS, werden wir nirgendwo hinkommen und auf dem letzten Platz im Rennen weiterfahren, in Schleifen und Schleifen von dem, der vorne liegt, überholt werden .

Alle Lehrpläne richten sich nach unserem neuen gÄra der Schwarzen und Armen müssen diese neuen Paradigmen berücksichtigen.

Und zum Schluss mit Schwung betone ich noch einmal das SOZIALE GUT. Derzeit werden wir vom Verbrauchermarkt getrieben, immer mehr zu haben, und dieses Haben macht den Unterschied. Wenn ich 10 Luxusautos, 80 Häuser, 10 Frauen habe, werde ich als erfolgreicher Mann anerkannt.

Ein Fehler. Auch weil diese Denkweise oder Ideologie eine ungezügelte Gier nährt, die auf unzählige Arten zur Korruption neigt. Gefängnis und Depression werden die bitteren Kelche sein, die es zu nehmen gilt.

Wir müssen eine große Front für Veränderungen einleiten, zuerst bei uns selbst. Dann in unseren Häusern, in den Gruppen, die sich treffen, in Schulen, in Kirchen, in politischen Parteien, überall wo wir leben.

Zum Abschluss dieses wichtigen Themas mache ich Sie darauf aufmerksam, dass wir das, was wir tun, lieber gut machen. Es fällt uns schwer, das zu arbeiten, was wir nicht beherrschen. Das war vielleicht unsere größte Schwierigkeit. Wir lieben es, erfolgreich zu sein. Wir lieben es, dort anerkannt zu werden, wo wir stark sind.

Es macht uns Angst, uns unseren Schwächen oder Unzulänglichkeiten zu stellen. WIR MÜSSEN GENAU DARUM ÄNDERN. Wenn ich das Sprachenlernen beherrsche, muss ich in Mathe, Physik, Chemie hart arbeiten.

Ich muss mich bemühen, Unternehmen zu UNTERNEHMEN und sie über meine Umgebung hinaus auszudehnen.

Für all dies sind WISSEN und WILLENSTÄRKE notwendig. Es ist wichtig, einen starken Rhythmus auf der Suche nach den unzähligen Erkenntnissen zu finden, die bereits im Wissenschaftsthema dieses Buches enthalten sind. Machen wir weiter, wir haben in diesem Buch noch viel zu sehen.

Southwest Preparatory Conference
Champion

LANDWIRTSCHAFT

VIEH

Alle Themen in diesem Buch sind von immenser Bedeutung. Dieser, der über Landwirtschaft spricht, könnte nicht anders sein, da er mit dem verbunden ist, was die Schwarzen und Armen auf der Welt am meisten brauchen. LEBENSMITTEL.

Und warum nicht unsere eigenen Lebensmittel produzieren?

Was hält uns eigentlich davon ab?

In Buch 3, DIE BEDEUTUNG DER AFRIKANISCHEN DIASPORA IN DER NEUEN DEKOLONISIERUNG VON AFRIKA, habe ich die vollständige Liste der EMBRAPA-Einheiten – Brasilianische Agrarforschungsgesellschaft – zusammengestellt, damit Unternehmen aus der ganzen Welt von dem Wissen profitieren können, das diese Struktur in Brasilien gnädigerweise bietet. Auch in diesem Buch habe ich mir erlaubt, den Namen AGROVIDA anstelle von AGRONEGÓCIO zu schaffen. Ja, denn vor jedem Geschäft steht das LEBEN. Sie können viele Trades verlieren, wie ich bereits verloren habe, aber LEBEN zu verlieren ist kompliziert.

Die Natur, die alle Bedingungen für die LANDWIRTSCHAFT bietet, macht sie absolut KOSTENLOS. Wenn wir von diesen Prinzipien ausgehen, müssen wir den Begriff BUSINESS gründlich überdenken.

Innerhalb des LIFE-Schwerpunkts stelle ich mir eine noch stärkere LANDWIRTSCHAFT vor, denn durch die Erfüllung ihrer Mission, nämlich LEBENSMITTEL zu geben und zu versorgen, wird sich die Natur selbst zu Gunsten verschwören.

Es gibt unzählige Orte auf dem Planeten, an denen wir Getreide anbauen können, ohne die Natur zu zerstören, und die lokale Bevölkerung mit Exportüberschüssen ernähren können, um Wohlstand für riesige Armutsgebiete zu schaffen.

Wir werden wieder einmal auf etablierte Ordnungen und die Interessen von Minderheiten stoßen, die wir ausnahmslos in jedem Kapitel platzieren müssen, weil genau dort die bösartigen Geschwülste der Menschheit zu finden sind.

UNTEN, EMBRAPA-EINHEITEN:
Öffnungszeiten in der Zeitzone von Brasília
Telefon
Postleitzahl
Standort auf der Karte
Einheit Digitale Plattform
Embrapa in Brasilien: https://www.embrapa.br/embrapa-no-brasil

Embrapa Acre

Rio Branco, Acre
Rodovia BR 364 Km 14 Rio Branco Porto Velho
Funcionamento: 8:00 às 12:00 - 13:00 às 17:00 horas (Fuso Horário -2 horas)
Fone: +55 (68) 3212-3200
CEP: 69900-970
Caixa Postal: 321

Embrapa Agrobiologie

Grundlagenforschungseinheit, die eine Referenz in Studien ist, die auf
Wissensfortschritte im Bereich der biologischen Stickstofffixierung FBN abzielen. Es ist
auch eine bahnbrechende Einheit bei Embrapa in der Entwicklung der Forschung im
ökologischen Landbau und der Wiederherstellung degradierter Gebiete.
Seropédica, Rio de Janeiro
Rodovia BR-465, Km 7 - Antiga Rodovia Rio-São Paulo
Funcionamento: 7:30 às 11:30 - 13:00 às 17:00
Fone: +55 (21) 3441-1500
CEP: 23891-000

Embrapa Agroenergie

Forschungseinheit für Grundlagenforschung, die ihre Hauptanstrengungen auf
Forschungs-, Entwicklungs- und Innovationsaktivitäten in Prozessen der Umwandlung,
Erhaltung und Nutzung von Biomasseenergie ausrichtet.
BRASILIA, Distrito Federal
Parque Estacao Biologica PqEB sn
Funcionamento: 8:00 às 12:00 - 13:00 às 17:00 horas
Fone: +55 (61) 3448-4246
CEP: 70770-901 / Caixa Postal: 40315

Embrapa tropische Agrarindustrie

Fortaleza, Ceará
Rua Doutora Sara Mesquita 2270
Funcionamento: 7.30 às 11:30 - 12:30 às 16:30 horas
Fone: +55 (85) 3391-7100
CEP: 60511-110

Embrapa Lebensmittel-Agroindustrie

Forschungseinheit für grundlegende Themen, die Projekte entwickelt, die sich auf die
Qualität und Sicherheit von Lebensmitteln sowie auf die Wertschöpfung von Rohstoffen
und Nebenprodukten der Agrarindustrie konzentrieren und von Nacherntetechnologien
bis hin zur Lebensmittelverarbeitung evaluieren.
Rio de Janeiro, Rio de Janeiro
Avenida das Americas numero 29501
Funcionamento: 8:00 às 12:00 - 13:00 às 17:00 horas
Fone: +55 (21) 3622-9600 / CEP: 23020-470

Embrapa West Landwirtschaft

Ökoregionale Forschungseinheit, die Protagonist bei der Entwicklung von Technologien war, die die Landwirtschaft in Mato Grosso do Sul konsolidierten. Einige ihrer Hauptforschungsbereiche sind integrierte Produktionssysteme, Klimarisikozonen sowie Gesundheit und Ernährung von Wasserorganismen.

Dourados, Mato Grosso do Sul
Rodovia BR 163 Km 253 6 sn
Funcionamento: 7:30 às 11:30 - 12:30 às 16:30
Fone: +55 (67) 3416-9700
CEP: 79804-970Caixa Postal: 449

Embrapa Agrosilvopastoral

Ökoregionale Forschungseinheit in einer Übergangsregion zwischen Cerrado und Amazonas, die Forschung betreibt, an integrierte Produktionssysteme zwischen Pflanzen, Vieh und Wald zu ermöglichen und zur Entwicklung einer kohlenstoffarmen ft.

Sinop, Mato Grosso
Rodovia dos Pioneiros MT 222 Km 2 .5 sn
Funcionamento: 7:30 às 11:30 - 13:00 às 17:00
Fone: +55 (66) 3211-4220
CEP: 78550-970 / Caixa Postal: 343

Baumwolle Embrapa

Campina Grande, Paraíba
Rua Osvaldo Cruz 1143
Funcionamento: 7:30 às 11:30 - 13:30 às 17:30
Fone: +55 (83) 3182-4300
CEP: 58428-095

Essen und Gebiete in Embrapa

Forschungseinheit für grundlegende Themen mit nationaler Reichweite, die darauf abzielt, differenzierte Agrarnahrungsmittelprodukte, PADs, mit hohem Mehrwert, unabhängig davon, ob sie aus der brasilianischen Biodiversität stammen oder nicht, zu bewerten und zu entwickeln, die Gesundheit, Ernährung und nachhaltige Entwicklung in den Gebieten fördern.

MACEIO, Alagoas
Rua Cincinato Pinto, 348
Funcionamento: 08:00 às 12:00 - 13:00 às 17:00
Fone: +55 (61) 99618-8232 / CEP: 57020-050

Embrapa Amapa

MACAPA, Amapá
Rodovia Juscelino Kubitschek, Km 5, n° 2.600
Funcionamento: 08:00 às 12:00 - 14:00 às 18:00
Fone: +55 (96) 3203-0201
CEP: 68903-419
Caixa Postal: 10

Embrapa Westlicher Amazonas

Manaus, Amazonas
Rodovia AM 010 Km 29 Estrada Manau Itacoatiara sn
Funcionamento: 7.30 às 12:00 - 13:00 às 16:30
Fone: +55 (92) 3303-7800
CEP: 69010-970
Caixa Postal: 319

Embrapa Östlicher Amazonas

Ökoregionale Forschungseinheit, die die Größe und Vielfalt des Amazonas widerspiegelt. Es verfügt über ein Herbarium mit mehr als 185.500 Pflanzenexemplaren und eine entomologische Sammlung von 32.000 Exemplaren, die vom Käfer bis zur winzigen Ameise reichen.
BELEM, Pará
Travessa Dr Eneas Pinheiro
Funcionamento: 8:00 às 12:00 - 13:00 às 17:00
Fone: +55 (91) 3204-1000
CEP: 66095-903 / Caixa Postal: 48

Embrapa Reis und Bohnen

Die Produktforschungseinheit, die mehrere herausragende Technologien entwickelt, darunter Arroz Primavera und Feijão Pérola, gilt als Referenzen sowohl im Cerrado als auch in anderen Regionen des Landes.
SANTO ANTONIO DE GOIAS, Goiás
Rodovia GO-462 Km 12
Funcionamento: 8:00 às 12:00 - 13:00 às 17:00
Fone: +55 (62) 3533-2110
CEP: 75375-000 / Caixa Postal: 179

Embrapa-Kaffee

BRASILIA, Distrito Federal
Parque Estacao Biologica PqEB Avenida W3 Norte final
Funcionamento: 8:00 às 12:00 - 13:00 às 17:00
Fone: +55 (61) 3448-4378
CEP: 70770-901

Embrapa Ziegen und Schafe

Sobral, Ceará
Estrada Sobral Groairas Km 4 sn
Funcionamento: 7:30 às 12:00 - 13:00 às 16:30
Fone: +55 (88) 3112-7400
CEP: 62010-970
Caixa Postal: 71

Embrapa Cerrados

BRASILIA, Distrito Federal
Rodovia BR 020 Km18
Funcionamento: 8:00 às 12:00 - 13:00 às 17:00
Fone: +55 (61) 3388-9898
CEP: 73310-970
Caixa Postal: 08223

Embrapa gemäßigtes Klima

Ökoregionale Forschungseinheit, die Technologien für Agrarökosysteme im Süden Brasiliens entwickelt und Alternativen für eine Region mit einem sehr charakteristischen Klima erforscht. Reis und Früchte bei kaltem Wetter, wie Pfirsiche, sind einige der hervorgehobenen Segmente, an denen gearbeitet wird.

Pelotas, Rio Grande do Sul
BR 392 Km 78
Funcionamento: 8:00 às 12:00 - 13:00 às 17:00
Fone: +55 (53) 3275-8100
CEP: 96090-575 / Caixa Postal: 403

Embrapa Cocais

São Luís, Maranhão
Avenida Sao Luis Rei de Franca n 4 Quadra n 11 Jardim Eldorado
Funcionamento: 7:30 às 12:00 - 13:00 às 16:30
Fone: +55 (98) 3878-2203
CEP: 65065-470

Embrapa-Wälder

Produktforschungseinheit, die auf den brasilianischen Forstsektor ausgerichtete Forschung entwickelt, die eine bessere Produktionseffizienz, reduzierte Produktionskosten, ein erhöhtes Angebot an Forstprodukten auf dem Markt und gleichzeitig den Umweltschutz ermöglicht.

Colombo, Paraná
Estrada de Ribeira Km 111 sn
Funcionamento: 8:00 às 12:00 - 13:00 às 17:00
Fone: +55 (41) 3675-5600
CEP: 83411-000 / Caixa Postal: 319

Embrapa Rinder

Produktforschungseinheit, die in die Forschung in den Bereichen Herdengesundheit und -ernährung, Zucht, Zucht und Tierhaltung investiert. Laufende Projekte und Teilprojekte zielen darauf ab, die Produktion, Qualität, Wirtschaftlichkeit und Effizienz von Fleischrinderproduktionssystemen zu steigern.

Campo Grande, Mato Grosso do Sul
Avenida Rádio Maia 830
Funcionamento: 7:30 às 11:30 - 12:30 às 16:30
Fone: +55 (67) 3368-2000 / CEP: 79106-550

Embrapa Milchvieh

Produktforschungseinheit geschaffen, um Lösungen für die nachhaltige Entwicklung der Milchwirtschaft mit Schwerpunkt auf dem Produktionssegment bereitzustellen. Es verfügt über moderne Geräte, die den Einsatz der fortschrittlichsten Techniken in der Forschung in diesem Bereich ermöglichen.

Juiz de Fora, Minas Gerais
Rua Eugenio do Nascimento n 610
Funcionamento: 8:00 às 12:00 - 13:00 às 17:00
Fone: +55 (32) 3311-7405
CEP: 36038-330

Embrapa-Gemüse

BRASILIA, Distrito Federal
Rodovia BR 060 Km 9 SN
Funcionamento: 8:00 às 12:00 - 13:00 às 17:00
Fone: +55 (61) 3385-9000
CEP: 70351-970
Caixa Postal: 218

Embrapa Agrarinformatik

Forschungseinheit für Grundlagenthemen, die Projekte in der Informationstechnologie für die Agrarindustrie entwickelt und in den Bereichen Softwaresystemtechnik, Wissenschaftliches Rechnen, Kommunikationstechnologie, Bioinformatik und Agrarklimatologie arbeitet.

Campinas, São Paulo
Avenida Andre Tosello 209 Campus da Unicamp
Funcionamento: 8:00 às 12:00 - 13:00 às 17:00
Fone: +55 (19) 3211-5700
CEP: 13083-886 / Caixa Postal: 6041

Embrapa-Instrumentierung

Forschungseinheit für Grundlagenthemen, geschaffen mit dem Ziel, Wissensgebiete wie Physik und Ingenieurwissenschaften mit der Landwirtschaft zu vereinen. Es arbeitet an der Entwicklung von Instrumentierungstechnologien für die Agrarindustrie, wie Maschinen, Ausrüstungen, Sensoren und Prozessautomatisierung.

SAO CARLOS, São Paulo
Embrapa Instrumentação Rua XV de Novembro, n° 1.452
Funcionamento: 8:00 às 12:00 - 14:00 às 18:00
Fone: +55 (16) 2107-2800
CEP: 13560-970 / Caixa Postal: 741

Embrapa Maniok und Obstanbau

Cruz das Almas, Bahia
Rua Embrapa SN
Funcionamento: 7h30 às 12h - 13h30 às 17h
Fone: +55 (75) 3312-8048
CEP: 44380-000
Caixa Postal: 007

Embrapa-Umgebung

Grundlagenforschungseinheit, die in Forschung, Entwicklung und Innovation an der Schnittstelle zwischen Landwirtschaft und Umwelt arbeitet und die Anforderungen von Produktionssystemen mit den Bedürfnissen der Ressourcenschonung und des Umweltschutzes mit dem Fokus auf Nachhaltigkeit in Einklang bringt.

JAGUARIUNA, São Paulo

Rodovia Governador Doutor Adhemar Pereira de Barros

Funcionamento: 8:00 às 12:00 - 13:00 às 17:00

Fone: +55 (19) 3311-2640

CEP: 13918-110 / Caixa Postal: 69

Embrapa Mitte-Nord

Teresina, Piauí

Avenida Duque de Caxias n 5650

Funcionamento: 7:30 às 12:00 - 14:00 às 17:30

Fone: +55 (86) 3198-0500

CEP: 64008-780

Caixa Postal: 001

Embrapa Mais und Sorghum

Produktforschungseinheit, Referenz in der Entwicklung von Mais-, Sorghum- und Hirsesorten. Es verfügt unter anderem über moderne Labore in den Bereichen Boden- und Pflanzenernährung, Pflanzenphysiologie, Molekularbiologie, Gewebekultur, Entomologie, Phytopathologie.

Sete Lagoas, Minas Gerais

Rodovia MG 424 Km 45

Funcionamento: 7:30 às 12:00 - 13 às 16:30

Fone: +55 (31) 3027-1100

CEP: 35701-970

Caixa Postal: 151

Embrapa Pantanal

CORUMBA, Mato Grosso do Sul

Rua 21 de Setembro nr 1880

Funcionamento: 7:30 às 11:30 - 13:30 às 17:30 horas (Fuso Horário -1 hora)

Fone: +55 (67) 3234-5800

CEP: 79320-900

Caixa Postal: 109

Embrapa Südostvieh

Ökoregionale Forschungseinheit, die Forschung an Rind- und Milchvieh, Schafen und Futter entwickelt. Es arbeitet in den Bereichen Tier- und Pflanzenverbesserung, Umweltaspekte von Nutztieren und intensiven Produktionssystemen für die nachhaltige Nutzung von Biomen in der Südostregion.

SAO CARLOS, São Paulo

Rodovia Washington Luiz Km 234 Fazenda Canchim

Funcionamento: 7:30 às 11:30 - 13:00 às 17:00

Fone: +55 (16) 3411-5600

CEP: 13560-970

Caixa Postal: 339

Embrapa Vieh Süd

Ökoregionale Forschungseinheit, die in Campos SulBrasileiros, bestehend aus den Bundesstaaten Rio Grande do Sul, Santa Catarina und Paraná, Forschungen zu Rind- und Milchvieh, Schafen und Futter entwickelt.

BAGE, Rio Grande do Sul
Rodovia BR 153 Km 632,9
Funcionamento: 7:45 às 11:45 - 13:00 às 17:00
Fone: +55 (53) 3240-4650
CEP: 96401-970
Caixa Postal: 242

Embrapa Fischerei und Aquakultur

Produktforschungseinheit, die mit dem Ziel gegründet wurde, eine strategische Antwort auf die wachsende Nachfrage nach technologischen Lösungen in den Bereichen Aquakultur und Fischerei zu geben. Es versucht auch, Lösungen für die landwirtschaftliche Produktion durch integrierte Systeme in Tocantins und Nachbarstaaten bereitzustellen.

Palmas, Tocantins
Prolongamento da Avenida NS10 Cruzamento com a Avenida LO18 sentido Norte
Funcionamento: 8:00 às 12:00 - 13:30 às 17:30 horas
Fone: +55 (63) 3229-7800
CEP: 77008-900
Caixa Postal: 90

Embrapa Genetische Ressourcen und Biotechnologie

BRASILIA, Distrito Federal
Parque Estacao Biologica PqEB Avenida W3 Norte
Funcionamento: 8:00 às 12:00 - 13:00 às 17:00
Fone: +55 (61) 3448-4700
CEP: 70770-917
Caixa Postal: 02372

Embrapa Rondônia

Ökoregionale Forschungseinheit, die in der Generierung von Wissen und Technologien für den Amazonas mit Schwerpunkt Rondônia tätig ist und ihre Bemühungen auf vier Hauptthemen konzentriert: Kaffee, Pflanzenproduktion, Wälder und Tierproduktion.

Porto Velho, Rondônia
Rodovia BR 364 Km 55
Funcionamento: 7:30 às 11:30 - 12:30 às 16:30 horas (Fuso Horário - 1 hora)
Fone: +55 (69) 3219-5004
CEP: 76815-800
Caixa Postal: 127

Embrapa Roraima

Ökoregionale Forschungseinheit, deren Forschungen weitgehend mit den produktiven Anforderungen von Agrarunternehmen, Familienbetrieben und indigener Landwirtschaft verbunden sind, verbunden mit den neuen Bedürfnissen nach ökologischer Nachhaltigkeit im Bundesstaat Roraima.

Boa Vista, Roraima
Rodovia BR 174 Km 8 sn
Funcionamento: 7:30 às 12:00 - 13:00 às 16:30 horas (Fuso Horário -1 h)
Fone: +55 (95) 4009-7100
CEP: 69301-970
Caixa Postal: 133

Embrapa Semiarid

Petrolina, Pernambuco
Rodovia BR 428 KM 152
Funcionamento: 8:00 às 12:00 - 13:00 às 16:00
Fone: +55 (87) 3866-3600
CEP: 56302-970
Caixa Postal: 23

Embrapa Sojabohnen

Produktforschungseinheit, die sich auf die Erforschung von tropischem Soja
konzentriert, Technologien entwickelt, die auf eine rationelle Nutzung von Ressourcen
abzielen, genetische Resistenz gegen neue Krankheiten einbezieht, Szenariostudien
entwickelt, um unter anderem Klimafolgen zu mildern.
Londrina, Paraná
Rodovia Carlos João Strass Acesso Orlando Amaral SN
Funcionamento: 8:00 às 12:00 - 13:00 às 17:00
Fone: +55 (43) 3371-6000
CEP: 86001-970
Caixa Postal: 231

Embrapa-Böden

Forschungseinheit Grundlagenthemen, die eine internationale Referenz in tropischen
Böden ist. Koordiniert und führt im gesamten Staatsgebiet Maßnahmen zur Vorhersage
und Förderung von Präventivmaßnahmen gegen Umweltrisiken durch, die sich aus der
unzureichenden Nutzung von Boden- und Wasserressourcen ergeben.
Rio de Janeiro, Rio de Janeiro
Rua Jardim Botanico n 1024
Funcionamento: 7:30 às 12:00 - 13:00 às 16:30
Fone: +55 (21) 2179-4500
CEP: 22460-000

Embrapa Schweine und Geflügel

Produktforschungseinheit, die eine grundlegende Rolle bei der Bekämpfung von
Krankheiten, der Verbesserung von Futtermitteln, der Verbesserung der genetischen
Qualität der Tiere, der Erhaltung der Umwelt und der Entwicklung von Geräten für die
Schweine- und Geflügelhaltung spielt.
CONCORDIA, Santa Catarina
Rodovia BR-153 Km 110
Funcionamento: 8:00 às 12:00 - 13:00 às 17:00 horas
Fone: +55 (49) 3441-0400
CEP: 89715-899
Caixa Postal: 321

Embrapa Tabuleiros Costeiros

Aracaju, Sergipe
Av. Gov. Paulo Barreto de Menezes (Beira Mar), 3250
Funcionamento: 8:00 às 12:00 - 13:00 às 17:00
Fone: +55 (79) 4009-1300
CEP: 49025-040

Embrapa-Territorium

Campinas, São Paulo
Avenida Soldado Passarinho n 303
Funcionamento: 8:00 às 12:00 - 13:00 às 17:00 horas
Fone: +55 (19) 3211-6200
CEP: 13070-115

Embrapa-Weizen

Produktforschungseinheit, die Forschung entwickelt, die sich auf die Wintergetreideproduktion, hauptsächlich Weizen und andere Wintergetreide, sowie auf Sommerkulturen konzentriert, die zur wirtschaftlichen Nachhaltigkeit der in der kalten Jahreszeit betriebenen Landwirtschaft beitragen.
Passo Fundo, Rio Grande do Sul
Rodovia BR 285 km 294
Funcionamento: 8:00 às 12:00 - 14:00 às 18:00
Fone: +55 (54) 3316-5800
CEP: 99050-970
Caixa Postal: 3081

Embrapa Traube und Wein

Embrapa Traube und Wein entwickelt Forschungs-, Entwicklungs- und Innovationslösungen für die Nachhaltigkeit des Wein- und Obstbaus in einem gemäßigten Klima. Seine Forschung konzentriert sich auf Trauben, Äpfel, Birnen, Steinobst, Kleinobst und Nebenprodukte wie Säfte und Weine.
BENTO GONCALVES, Rio Grande do Sul
Rua Livramento n 515
Funcionamento: 8:00 às 11:30 - 13:00 às 17:30
Fone: +55 (54) 3455-8000
CEP: 95701-008
Caixa Postal: 130

In der Landwirtschaft ist Wissen von grundlegender Bedeutung. Wir müssen bestehende Räder nicht erfinden. Bei Embrapa-Einheiten finden Sie eine breite Palette von Informationen, die Ihre Vision für die gute Entwicklung Ihres Landwirtschaftsprojekts beschleunigen können. Als erster Präsident Angolas sagte Dr. António Agostinho Neto sehr treffend: "Die Landwirtschaft ist die Basis und die Industrie der entscheidende Faktor."

FINANZEN

Das Wissen um FINANCE war auch weit von Schwarzen und Armen entfernt. Wenn wir den Inklusionsprozess nicht beginnen, mit Kampagnen, um die Jugendlichen zu motivieren, Studien durchzuführen, die es ihnen ermöglichen, sich im Bereich Finanzen zu entwickeln.

Beginnen wir mit einer leichten Vorstellung von FINANZMATHEMATIK.

Was ist Finanzmathematik und wozu dient sie?

Finanzmathematik hilft immens bei der Planung und Verwaltung des Geldes eines Unternehmens. Finanzmathematik ist ein Bereich der praktischen Anwendung der Mathematik, der aus Berechnungen besteht, die auf eine bessere Organisation und bessere Kontrolle des Geldes abzielen.

Es ist mehr als eine Wissenschaft, es ist ein sehr nützliches Werkzeug im täglichen Leben, sowohl für die Pflege persönlicher Konten als auch für die eines Unternehmens.

Mit den Instrumenten der Finanzmathematik werden Träume wahr.

Denken Sie zum besseren Verständnis einfach daran, wie wichtig Organisation und Planung bei der Kreditaufnahme oder Finanzierung sind, sei es beim Kauf eines Fahrzeugs oder einer Immobilie.

Wenn Sie nicht den gesamten Betrag in bar bezahlen müssen, müssen Sie Berechnungen anstellen, um die Auswirkungen dieses Finanzprodukts und seiner Raten auf Ihr persönliches Budget zu verstehen.

Dies erfordert grundlegende Kenntnisse über Prozentsätze, Zinsen und Formeln, die es Ihnen ermöglichen, die Größe des Kontos genau zu verstehen.

Denken Sie immer daran, dass bei dieser Art von Operation die endgültigen Kosten von den vertraglich vereinbarten Kosten abweichen, und zwar genau aufgrund des Interesses.

Ein weiteres gutes Beispiel sind Investitionen, wenn die Zahlen zu Ihren Gunsten spielen.

Sie können Ihren Ruhestand planen, indem Sie Geld sparen. Es ist jedoch wichtig, dass diese Entscheidung nach dem Vergleich der Rentabilität mit anderen Optionen getroffen wird.

Somit werden die Gewinne identifiziert, die in einem bestimmten Zeitraum erzielt werden.

Und das können Sie nur mit finanzmathematischen Instrumenten tun.

Aber seine Bedeutung geht darüber hinaus und tritt auffallend in der Unternehmenswelt auf.

Wie wichtig ist Finanzmathematik in der Unternehmenswelt?

Die finanzielle Gesundheit und der Cashflow eines Unternehmens können mit Finanzmathematik berechnet werden.

Durch die Betrachtung der im vorherigen Thema angeführten Beispiele zur Anwendung der Finanzmathematik im persönlichen Bereich kann man sich bereits ein Bild von deren Bedeutung für Unternehmen machen.

Die Wahrheit ist, dass der Unternehmer keine Mathematik beherrschen muss, sondern sich verpflichtet hat, einige seiner Formeln für Routineaufgaben zu verstehen und anzuwenden.

Das beste Beispiel ist ohne Zweifel der Cashflow.

Dies ist das Tool, das die Mittelzu- und -abflüsse des Unternehmens erfasst. Das heißt, Ihre Einnahmen und Ausgaben.

Auf dieser Grundlage identifiziert der Manager, wie es um die finanzielle Gesundheit des Unternehmens steht, wo er mehr ausgegeben hat, als er sollte und wo die Einsparmöglichkeiten liegen.

Dort haben wir bereits eine Stichprobe, bei der es ohne strenge Finanzkontrolle keine Möglichkeit gibt, als Unternehmen zu wachsen oder gar zu überleben.

Und noch schlimmer wird es, wenn man Kredite aufnimmt, ohne die Realität des Bargeldes zu kennen.

Oder wer weiß, ein neues Produkt zu entwerfen oder eine Filiale zu eröffnen, ohne vorherzusagen, wie sich das Geschäft in den nächsten

Monaten und Jahren entwickeln wird. Es hängt alles von der Finanzmathematik ab.

Sie können ein großartiger Administrator sein, Rechnungen pünktlich bezahlen, Kunden Rechnungen und pünktlich erhalten, vorteilhafte Konditionen mit Lieferanten aushandeln und ein hohes Maß an Produktivität und Effizienz im Unternehmen haben.

All dies ist gültig, um die für sie vorgeschlagenen Ziele zu erreichen.

Auf der anderen Seite kann alles mit einem einzigen ungeplanten Schritt den Bach runter gehen, der Ihre finanzielle Leistungsfähigkeit mittel- und langfristig außer Acht lässt.

Finanzmathematik hilft Ihnen zu verstehen, wie sich Geld verhält.

Ein weiterer wichtiger Schwerpunkt ist die Beherrschung des ECONOMY-Wissens.

Die Karriere des Ökonomen ist voller guter Chancen. Der Arbeitsmarkt schätzt Fachleute mit wirtschaftswissenschaftlichem Hintergrund, sowohl im öffentlichen als auch im privaten Sektor. Wenn Sie darüber nachdenken, diesen Beruf auszuüben, lesen Sie weiter und sehen Sie sich 5 Gründe für ein Wirtschaftsstudium an.

Hauptgründe für ein Wirtschaftsstudium

Die Wirtschaftswissenschaftliche Fakultät hat durchschnittlich acht Semester. Während des Studiums haben angehende Bachelor-Studiengänge in Wirtschaftswissenschaften Kontakt zu Fächern wie Mikroökonomie, Makroökonomie, Brasilianische Ökonomie, Internationale Ökonomie, Wahrscheinlichkeit und Statistik, Wirtschaftskommunikation und Ökonometrie. Zweifellos ist dieser Kurs heute einer der vielversprechendsten. Im Folgenden listen wir die Top 5 Gründe für ein Wirtschaftsstudium auf. Suchen!

1. Heißer Markt

Eine von der Personalberatung Robert Half durchgeführte und von Você/ SA herausgegebene Umfrage zu Berufen in hohen Positionen hat ergeben, dass die Positionen mit Bezug zum Finanzmarkt heute zu den vielversprechendsten gehören.

Trotz der durch die Pandemie verursachten Unsicherheiten zieht dieser Markt weiterhin neue Talente an, insbesondere in den Bereichen Fusionen und Übernahmen, Risiko, Kredit und Compliance. Zu den Unternehmen, die am meisten einstellen, gehören Fintechs, Banken und Anlagevermittler.

2. Breites Fachgebiet

Eines der wichtigsten Anliegen bei der Berufswahl ist die Beschäftigungsfähigkeit. Schließlich kann die Arbeit im Ausbildungsbereich für viele Menschen eine Herausforderung sein.

Wer an dieser Stelle studiert Ökonomie hat einen großen Vorteil. Der Ökonom kann in einer Vielzahl von Märkten des privaten Sektors arbeiten, beispielsweise in den Bereichen Investitionsbewertung, Marktplanung, Finanzmanagement und Rechnungswesen.

Darüber hinaus lassen sich vielversprechende Möglichkeiten im öffentlichen Sektor finden. Durch regelmäßige Wettbewerbe kann der Ökonom Positionen in Regierungsbehörden wie dem BNDES und der Zentralbank gewinnen.

Schließlich können sich Ökonomen auch dem akademischen Bereich widmen und Forschungs- und Lehrangebote in Hochschulstudiengängen entwickeln.

3. Beruf mit hoher Wertschätzung auf dem Arbeitsmarkt

Der Ökonom ist nicht nur einer der von Unternehmen am meisten nachgefragten Fachkräfte, sondern wird auch auf dem Arbeitsmarkt sehr geschätzt. Aus diesem Grund haben Berufseinsteiger in der Branche Aussicht auf gute Gehälter und hervorragende Aufstiegschancen.

Laut der Salary Table of Brazil, die von Robert Half Consulting erstellt wurde, liegt das Einstiegsgehalt eines Junior-Ökonomen zwischen 600,00 US-Dollar und 1.200,00 US-Dollar. Ein Chefökonom kann bis zu 8.000 US-Dollar erhalten.

4. Möglichkeit zu unternehmen

Daten des Global Entrepreneurship Monitor zeigen, dass die Zahl der Unternehmer in Brasilien 52 Millionen erreicht. Im aktuellen Szenario des Landes ist Unternehmertum eine sehr attraktive Alternative, insbesondere für diejenigen, die innovative Produkte und Dienstleistungen anbieten möchten.

Wenn Sie davon träumen, ein eigenes Unternehmen zu gründen, wissen Sie, dass die Fakultät für Wirtschaftswissenschaften Sie sehr gut auf diese Herausforderung vorbereiten kann. Schließlich versteht der Kurs das Verhalten verschiedener Märkte in unterschiedlichen Situationen.

Als Wirtschaftswissenschaftler/in können Sie in unterschiedlichen Branchen tätig sein und Unternehmen und Investoren kompetent beraten.

5. Erkenntnisse, die im persönlichen Leben helfen

Zweifellos werden die in Wirtschaftswissenschaften erlernten Begriffe über Wirtschaft, Markt und Einkommen für das finanzielle und persönliche Leben des Studenten sehr nützlich sein. Nach der Ausbildung fungiert der Ökonom als Multiplikator für die im Kurs gewonnenen Erkenntnisse und hilft der Gesellschaft.

In Angola habe ich viele junge Menschen zu einem Studium der WIRTSCHAFT geführt, gerade wegen der großen Herausforderungen, vor denen sie in der Zukunft stehen werden.

Insbesondere bei den Herausforderungen im Zusammenhang mit dem Finanzmanagement des Landes sind volkswirtschaftliche Kenntnisse für den allgemeinen Erfolg von entscheidender Bedeutung. Ein wirtschaftlich starkes Land ist unabdingbar für eine bessere Lebensqualität seiner Bevölkerung.

Sowohl das ANGEBOT als auch die NACHFRAGE müssen mit viel Wissen verwaltet werden, damit es im Allgemeinen zu Preiskontrollen und regulatorischen Lagerbeständen von Produkten kommen kann.

Zu diesem Zeitpunkt Ihrer Lektüre müssen Sie die wahre Bedeutung dieses Buches bereits erkannt haben, da wir den Geist unserer armen schwarzen Jugend öffnen müssen, damit sie wichtige Fenster visualisieren, die für sie geöffnet werden müssen, damit sie es nicht sind dominiert von Stereotypen, dass man nur durch Ruhm, Musik oder Sport im Leben erfolgreich sein wird.

Es gibt ein riesiges Universum von Möglichkeiten für die jungen Schwarzen und Armen, um den erträumten Erfolg zu erzielen, der ihnen den besten Lebensunterhalt für die beste Unterstützung ihrer Familien und die Erfüllung ihrer Träume garantiert.

Oft kann diese Art der Beratung nicht von schwarzen und armen Familien kommen, da sie nicht die Möglichkeit hatten, sie zu erwerben und an ihre Kinder weiterzugeben.

Daher die große Bedeutung dieses Buches und anderer, die keine Angst davor haben, sich den Tatsachen zu stellen und die Notwendigkeit zu erkennen, dass wir uns von innen heraus ändern müssen.

Ich habe dies selbst erlebt, wie ich bereits auf den vorherigen Seiten dieses Buches erwähnen konnte, und die Entscheidungen, die es mir trotz meines jungen Alters ermöglichten, diese Botschaft an mein Alter von 62 Jahren weiterzugeben (2021).

GESCHÄFT

Die Geschäftswelt steht schwarzen und armen jungen Menschen am nächsten. Meist handelt es sich jedoch um Betriebe ohne hohe Wertschöpfung, meist im Lebensmittel-, Transport- und anderen Bereichen, die mit geringen Investitionen und Kenntnissen durchgeführt werden können.

Aufgrund der mangelnden Vorbereitung auf den Erwerb wichtiger Arbeitsplätze in immer kleineren und wettbewerbsintensiveren Märkten finden die meisten schwarzen und armen Jugendlichen schließlich einen Weg, um im Unternehmertum ihren Lebensunterhalt zu verdienen.

Meist informelle Arbeit, die am Ende viele junge Menschen aus der sogenannten Unterschicht beherbergt.
Wenn sie ohne viel Bildung das 18. Lebensjahr erreichen, haben diese jungen Leute am Ende nur noch wenige Möglichkeiten der Unterstützung. Ganz zu schweigen von denen, die in die kriminelle Welt eintreten.
Der erste und wichtige Punkt ist, dass jedes Rechtsgeschäft sehr willkommen ist und die Erweiterung dieses Geschäftsuniversums unsere größte Herausforderung ist.
Beachten Sie, dass die vorherigen Themen für diejenigen, die dieses Alter erreichen, von grundlegender Bedeutung sind, um sich in der Geschäftswelt abzuheben. Kenntnisse und Vorbereitung sind unabdingbar.
Eine der am besten geeigneten Ausbildungsgänge für Ihren Erfolg ist die Ausbildung in Betriebswirtschaftslehre, sowohl auf Sekundar- oder Fachebene als auch auf universitärem oder universitärem Niveau. TALENT ist die treibende Kraft für den Erfolg. Talent allein ist jedoch nicht alles. Sie müssen Wissen, Ausdauer und Geduld hinzufügen.

Ebenso ist es wichtig, die Bedürfnisse der Märkte zu identifizieren, in denen Sie beabsichtigen, jede Art von Geschäft zu installieren. Das Finanzthema, das wir auf den vorherigen Seiten gesehen haben, wird einen großen Unterschied machen, wenn es darum geht, etwas zu entwickeln, von dem viele nicht einmal träumen und das von grundlegender Bedeutung ist, den sogenannten BUSINESS PLAN. Mit dem BUSINESS PLAN haben Sie die Möglichkeit, weniger Fehler zu machen. Dies liegt daran, dass Sie gezwungen sind, eine sehr große Anzahl von Situationen zu analysieren, die Sie möglicherweise sogar dazu bringen, die Rentabilität des Unternehmens, das Sie implementieren möchten, zu überdenken.

Derzeit gibt es viele Anwendungen, mit denen Sie zu geringen monatlichen Kosten einen guten Businessplan erstellen können. Eines von denen, die ich in meinen sozialen Projekten verwende, ist UpMetrics. Es enthält bereits zahlreiche Vorlagen, die Ihnen die Arbeit erheblich erleichtern.

Der Geschäftsplan, den ich für das COA-Projekt erstellt habe, präsentiert in Buch 4 – Wer Datteln pflanzt, erntet keine Datteln, wurde mit UpMetrics-Technologie erstellt. Es ist erwähnenswert, dass die Anwendung Ihre Arbeit erleichtert, aber ohne Ihre wirksame Beteiligung keinen Geschäftsplan erstellt.

Sie müssen alle Informationen basierend auf Ihrem Wissen über das Geschäft ausfüllen, das Sie implementieren möchten. Im Moment ist alles auf Englisch.

HINWEIS: Sie müssen sich bemühen, ein Minimum der englischen Sprache zu beherrschen, da dies auf den meisten digitalen Plattformen immer sehr nützlich ist, die Sie für eine bessere Leistung Ihres Unternehmens verwenden sollten.

Nachdem Sie Ihren GESCHÄFTSPLAN erstellt haben, den Sie sicherlich bereits als Investition in Marketing oder Verbreitung betrachtet haben, können Sie soziale Netzwerke nutzen, in denen Sie ein großes Publikum erreichen können, um Kunden zu einem besseren Kosten-X-Nutzen zu gewinnen.

Geschäfte machen bedeutet zwangsläufig, zahlreiche Kenntnisse zu beherrschen. Je komplexer Ihr Unternehmen ist, desto größer ist Ihr Wissen.

GEBEN SIE NIEMALS IHRE TRÄUME AUF UND BEREITE DICH AUF SIE VOR.

Optimismus in allem, was wir im Leben tun, ist immer sehr willkommen und wenn es um verschiedenes Wissen geht, ist es noch besser. Theorie und Praxis ergänzen sich in der Geschäftswelt.

EXTERNE FAKTOREN KÖNNEN HILFE ODER HART.

Es hängt alles von Ihrer Bereitschaft ab, Einwände zu überwinden. Eine Pandemie wie COVID 19 hat die Welt auf den Kopf gestellt. Tausende und Abertausende Unternehmen mussten überprüft werden. Viele wurden abgebrochen. Viele sind in der Warteschleife. Alles ist sehr relativ und es gibt keine spezifischen Verhaltensregeln.

Die Weisheit der Ältesten ist in diesen Situationen immer sehr willkommen, da sie auf ihrem Lebensweg sicherlich viele Schwierigkeiten überwinden mussten.
Ich erinnere mich sehr gut daran, dass im Jahr 2001, am 11. September, ein Real in Brasilien einem US-Dollar entsprach. Mit 9/11 stieg der Wert des Dollars in die Höhe. Wir haben im Paradies geschlafen und sind in Brasilien in der Hölle aufgewacht.
Wir mussten uns neu erfinden. Und diese Erfahrung zählt viel, denn das Überwinden von Turbulenzen ist schließlich eine der wichtigsten Voraussetzungen für den Erfolg.
In manchen meiner Vorträge sage ich immer, dass Unternehmertum

Nerven aus Stahl braucht. Viele steigen ins Unternehmertum ein, weil sie auf dem Arbeitsmarkt keinen Platz haben. Andere suchen nach besseren Lebensbedingungen.

Was wir in der Geschichte der entwickelten Nationen finden werden, ist ARBEIT und die Schaffung von STRUKTUREN, die die Entwicklung ihrer Völker ermöglichen.

DIE GROSSE MENSCHLICHE HERAUSFORDERUNG IST, DIE DISPRIVATE VOM WACHSTUM ZU BEREITEN.

In Buch 4 der frica Collection stelle ich am Ende des Buches, dass ein Land wie Brasilien, das mehr als die Hälfte von Afro-Nachkommen hat, wenn es die besten Bedingungen für das Wachstum dieser Mehrheit schafft, sehr bald eines von ihnen sein wird die mächtigsten Nationen weltweit. Eine Masse, die, am Fortschreiten gehindert, zum Problem wird, wenn sie einmal motiviert und mit wachstumsbereiten Strukturen ausgestattet ist, wird sie das brasilianische BIP unweigerlich auf ein viel höheres Niveau heben.

Aus diesem Grund kann sich die Politik vor allem nicht mehr darauf konzentrieren, die Interessen einer Minderheit zu verteidigen und hart daran zu arbeiten, Situationen der Gleichberechtigung zu schaffen, die die Geburt neuer Generationen von Wissenschaftlern, Geschäftsleuten, Landwirten und Freiberuflern mit höchster Kompetenz ermöglichen. ..

In Buch 6 der frica Collection platziere ich noch einmal, ohne Angst vor dem Glücklichsein zu haben, die 55 GRÜNDE, IN AFRIKA ZU INVESTIEREN. Es gibt 52 Republiken und 3 Königreiche mit großer Wachstumskraft. Der Zweck dieses Buches war es, eine neue Vision von Afrika mit unzähligen Potenzialen zu vermitteln. In diesem Buch können Sie schnell erkennen, was jedes Land als Vorteile für Sie bietet, um Ihren Geschäftstraum in Afrika zu entwickeln.

In Buch 7 A NOVA AFRICA BRASILEIRA habe ich einem ganzen Universum von Franchise-Unternehmen besondere Aufmerksamkeit gewidmet, die auf dem afrikanischen Territorium großartige Möglichkeiten finden können. Erfolgreiche Unternehmen, formatiert, die in Afrika umgesetzt werden können, schaffen Wohlstand für den afrikanischen Kontinent und für die verschiedenen Franchisegeber.

Ich konnte eng mit dem damaligen schwedischen Botschafter in Angola,

Lennart Killander Larsson, zusammenarbeiten und habe viel von ihm und Schweden gelernt. Schwedens Botschaften in ganz Afrika sind echte Geschäftszentren, die durch ihr Team Schweden betrieben werden.

Sowohl in Brasilien als auch in Afrika habe ich viele Geschäfte gemacht und habe die Möglichkeit, sie zu unterstützen. In Angola betone ich die großartige Arbeit, die Gold Procurement seit 2014 geleistet hat. Gold Procurement, Lda ist ein angolanisches Unternehmen, das sich auf den Einkauf und die Lieferung von persönlicher Schutzausrüstung für die angolanische Industrie spezialisiert hat. Es ist die erste Einkaufsplattform in Angola, die ihren Kunden alle Arten von Produkten und Lösungen nach ihren Bedürfnissen anbietet. Gold Procurement verwaltet die gesamte Lieferkette von Unternehmen und hilft ihnen, sich auf ihr Kerngeschäft zu konzentrieren und ihre Einkäufe an Gold Procurement auszulagern. Mit Support-Plattformen auf 5 Kontinenten ist Gold Procurement die ideale Wahl für das Wachstum Ihres Unternehmens.

Vor kurzem hat Gold Procurement in Angola mit der Herstellung von Produktionslinien für Produkte mit großem Bedarf begonnen. Diese werden Cutted Cotton Rags Gold genannt. Hergestellt aus 100% Baumwollstoffen, haben sie eine hohe Kraft, Abfall zu absorbieren. Sie sind ideal für Industriesegmente im Allgemeinen, von Werkstätten und Fabriken bis hin zu Maschinen. GOLD Cotton Rags werden mit großen Ballenoptionen und sofortiger Lieferung angeboten. Erhältlich in Ballen von: 50 kg / 45 kg / 25 kg / 10 kg / 05 kg

KOMMERZIELL E AKTIVITÄTEN

Der Handel ist die Lebensader der Armen im Allgemeinen. In Brasilien die Straßenverkäufer. In Angola die Zungueiros. Es sind Männer und Frauen mit immenser Willenskraft, die sich durch den Handel enormen Herausforderungen stellen müssen, um ihren Lebensunterhalt in ihre Häuser zu bringen.

Große informelle Märkte werden von den Menschen selbst gebildet, wo sie sehr wettbewerbsfähige Preise verlangen und absolut alles verkaufen. Nicht nur Produkte, sondern Dienstleistungen.

Märkte, wie wir es gewohnt sind, die normalerweise großen Ketten aus der ganzen Welt gehören, gibt es, aber sie dienen nur einem Teil der Gesellschaft.

DAS LEBEN FINDE IMMER EINEN WEG, UM NACH VORN ZU BEWEGEN

Und so war es. Ich sehe diesen großen Markt zu erforschen und respektiere diese große Masse der Weltbevölkerung. Es nützt nichts, Armut zu verbergen. Sie ist Teil der heutigen Welt und sie auf jede erdenkliche Weise zu reduzieren, ist unsere große Herausforderung. Vor

101

allem Sozialwissenschaftler müssen eingreifen und eine Vielzahl von Erfindungen entwickeln. Die Entwicklung der Fähigkeit armer Menschen, ihre eigenen Lösungen für ihre Hauptbedürfnisse zu finden, muss ausnahmslos über den Handel erfolgen. Öffentliche Toiletten. Trinkwasser. Wasser für die allgemeine Hygiene. Kampf gegen Müllbrigaden und viel Bildung für die Menschen im Allgemeinen. Auch Stromerzeuger mit Geräten, die in abgelegenen und extrem

Zündschalter für die Handysteuerung.

Ermöglicht die Fernsteuerung oder Aktivierung jeder Last, ohne dass sich der Benutzer von jedem Ort aus bewegen muss, z. B. Generator, Klimaanlage, Holzschneidemaschinen, Waschmaschinen und andere. Von Ihrem Mobiltelefon aus können Sie sie ein- und ausschalten, den Kraftstoff- und Ölstand im Generator kontrollieren und kontrollieren, wie viele Stunden am Tag der Generator gearbeitet hat. Sie können auch von Ihrem Handy aus beobachten, wie viel Kohlendioxid der Generator erzeugt.

Erfinder: Luciano Muecalia

+224936105858 / +224932676767 - WhatsApp: +224 936105858

E-Mail: klucianomuecalia@gmail.com

anspruchsvollen Gebieten mehr Leistung ermöglichen, stehen im Vordergrund. An Fahrräder angepasste Transportwagen, Bänke zum Aufbewahren von Produkten usw.

Aufgrund meiner ständigen Verschiebungen kann ich sagen, dass die wissenschaftliche Welt noch viel zu tun hat. Bessere Lebensbedingungen zu schaffen bedeutet oft nicht, den Lebensstil anderer Orte zu kopieren, sondern einfach die Lebensqualität von Gemeinden zu verbessern, die mehr in Kontakt mit der Natur leben, ihnen Lösungen zu bieten, die ihre Grundbedürfnisse befriedigen, und nicht nur mit Geräten und allgemeinen Produkten, die geschaffen werden speziell für Ihre Bedürfnisse.

Dies ist bei der Zündsteuerung per Handy der Fall, die vom Erfinder Luciano Muecalia entwickelt wurde. Es bedient perfekt schwer zugängliche Regionen, in denen es sogar unmöglich ist, von A nach B zu gelangen. Es ist eine Brücke, die fällt. Es ist ein Auto, das eine Panne hat, und ein Familienvater kann zahlreiche Schäden davontragen, weil er möglicherweise nicht rechtzeitig dort ist, um den Generator seines Geschäfts oder seiner Wohnung einzuschalten.

Andere wichtige Erfindungen werden ständig von heldenhaften Wissenschaftlern geschaffen, die mit ihren eigenen Mitteln ihre Talente in den Dienst der lokalen Gemeinschaft stellen.

Überall werden Talente geboren. Besonders in Afrika trifft man häufig auf brillante Köpfe, die renommierte Wissenschaftler begeistern.

Was fehlt dann?
Schaffen Sie Bedingungen für die Entdeckung dieser Talente und Strukturen, die ihnen die Aufrechterhaltung und Kontinuität ihrer Arbeit garantieren.

Die Länder der Ersten Welt müssen, anstatt große Anstrengungen zu unternehmen, um eine globale Abhängigkeit von ihren Erfindungen und Produkten zu erreichen, verstehen, dass ein Fahrzeug mit der höchsten Technologie der Welt auf einigen afrikanischen Böden möglicherweise einfach nicht funktioniert.

Rollstühle, die auf Asphalt gebaut sind, funktionieren in den Außenbezirken Afrikas nicht. Für die brillanten Wissenschaftler der Industrieländer ist es unmöglich, Lösungen für Situationen zu finden, die sie sich nicht einmal vorstellen können.

Bewegliche und befestigbare Brücken sind in vielen Regionen der Erde ein dringender Bedarf, der in Stunden auf- und abgebaut werden kann.

In der Medizin heilen also verschiedene Blätter und Pflanzen unzählige Leiden, die traditionelle Heilmittel nicht dieselbe Wirkung haben können. Dabei handelt es sich um Wissen, das von Generation zu Generation weitergegeben wurde.

Je größer der Zweck ist, zu helfen, bessere Arbeits- und Lebenssituationen für Menschen auf der ganzen Welt zu schaffen, desto mehr wird das Geschäft jedes einzelnen Unternehmens gedeihen.

Anstatt ungeahnte Geräte und Lösungen für bestimmte Standorte zu importieren, erstellen Sie aus den Standorten.

Je mehr Menschen die Gesundheit und die Ressourcen haben, um globale Produkte zu konsumieren, desto besser für die Kapitalisten. Dazu braucht es diese Vision. Wie viele Tausende und Abermillionen von Menschen in Afrika könnten Ihr Produkt konsumieren, wenn sie die Mittel dazu hätten.

Besonders BANKEN haben diese Mentalität, das Kapital über alles andere zu stellen, als hätte das Kapital selbst Leben. Eine unermessliche Gier und kein logischer Sinn. Das Kapital wurde nicht für seine eigene Ernährung geboren, sondern für die Bewegung von Unternehmen, die Wohlstand und noch mehr Kapital generieren.

Der Finanzkapitalismus war der große Henker unserer Zeit (2021), aber er muss sich sicherlich ändern. Er selbst gräbt bereits sein Ende, während er die große Masse der Weltbevölkerung dazu zwingt, ohne ihn zu überleben. Überlebe oder stirb. Da das Leben immer einen Weg findet, sich vorwärts zu bewegen, ist SURVIVAL sicher.

INDUSTRIE

Es gibt mehrere Arten von Industrien, der Prozess der industriellen Tätigkeit wird nach seinem Tätigkeitsschwerpunkt eingeteilt.

Die industrielle Tätigkeit besteht aus dem Produktionsprozess, der darauf abzielt, Rohstoffe durch menschliche Arbeit und zunehmend durch den Einsatz von Maschinen in Waren umzuwandeln. Diese Tätigkeit wird nach ihrem Tätigkeitsschwerpunkt eingeteilt und in drei große Gruppen eingeteilt: Produktionsgüterindustrie, Vorleistungsgüterindustrie und Konsumgüterindustrie.

Die Produktionsgüterindustrie, auch Grund- oder Schwerindustrie genannt, ist für die Umwandlung von Rohstoffen in verarbeitete Rohstoffe verantwortlich und bildet die Grundlage für andere Industriezweige. Produktionsgüterindustrien werden in zwei Stränge unterteilt: Rohstoff- und Investitionsgüter.

Rohstoffindustrie – sind solche, die Rohstoffe aus der Natur (pflanzlich, tierisch oder mineralisch) gewinnen, ohne dass ihre elementaren Eigenschaften wesentlich verändert werden. Beispiele: Holzindustrie, Mineralgewinnung, Erdölförderung und Steinkohle.

Ausrüstungsindustrien – sind verantwortlich für die Umwandlung von natürlichen oder halbfertigen Gütern für die Strukturierung der Zwischengüter- und Konsumgüterindustrie. Beispiele: Stahl, Petrochemie usw.

Die Vorleistungsindustrie zeichnet sich durch die Lieferung von verarbeiteten Produkten aus. Sie produzieren Maschinen und Geräte, die in den verschiedenen Segmenten der Konsumgüterindustrie zum Einsatz kommen. Beispiele: Mechanik (Industriemaschinen, Traktoren, Kraftfahrzeugmotoren usw.); Autoteile (Räder, Reifen usw.)

Die Konsumgüterindustrie richtet ihre Produktion direkt an den Konsummarkt, das heißt an die Bevölkerung im Allgemeinen. Es gibt auch die Aufteilung dieser Art von Industrien nach ihrer Leistung am Markt, sie sind in die Industrien für Gebrauchsgüter und Verbrauchsgüter unterteilt.

Gebrauchsgüterindustrien – sind diejenigen, die nicht verderbliche

Güter herstellen. Beispiele für diese Art von Industrie sind: Automobil, Gewerbemöbel, Elektromaterial, Elektronik usw.

Verbrauchsgüterindustrien – produzieren Grundbedürfnisse und allgemeinen Konsum, dh verderbliche Produkte. Beispiele: Lebensmittel, Textilien, Kleidung, Medizin, Kosmetik usw.

Der Philosoph Paulo Ghiraldelli, dem wir in diesem Buch unseren besonderen Dank widmen, hat uns auf den Gedanken aufmerksam gemacht, dass unsere jungen Leute glauben gemacht haben, dass das große Ziel der Menschen sein muss, sich selbstständig zu machen und damit weg von auf dem Arbeitsmarkt unzählige Kandidaten, die zu ihren eigenen Chefs geführt haben, die es nicht schaffen, hochrangige Fachkräfte zu werden.

Vor allem in Brasilien wird mit der stark rückläufigen Zahl von Unternehmen mit Produkten mit hoher Wertschöpfung die Ausbildung von Facharbeitern noch weiter reduziert.

Hauptberufe in der Industrie

Elektrotechniker

Beruf für diejenigen, die eine Arbeit im Zusammenhang mit der Ausführung und Wartung von Komponenten und elektronischen Geräten suchen. Es ist ein Zweig der Elektrotechnik, daher erfordert der Beruf fokussierte, organisierte und verantwortungsbewusste Mitarbeiter.

Nach Abschluss der technischen Ausbildung ist der Fachmann in der Lage, in der Hütten-, Telekommunikations- oder sogar Bauindustrie zu arbeiten. Wo mehr Raum für den Techniker in der Elektrotechnik besteht, um sich abzuheben und zu wachsen, sind Unternehmen, die sich der Stromerzeugung und -verteilung widmen, neben Wasser- und Abwasserunternehmen sowie Unternehmen, die technische Ausrüstung installieren und warten.

Produktionsassistent

Dies ist der Fachmann, der für die Vorbereitung von Materialien für die

Beschickung von Produktionslinien, die Organisation des Servicebereichs, die Lieferung von Produktionslinien und die Beschickung von Maschinen verantwortlich ist. Er überwacht die Prozesse und die Ausrüstung der Produktionslinie und hilft bei der Verwaltung industrieller Prozesse in Übereinstimmung mit technischen Standards und Verfahren für Qualität, Sicherheit, Hygiene und Gesundheit.

Aufgrund all dieser Fähigkeiten hat der Produktionsassistent die Möglichkeit, in Branchen in verschiedenen Bereichen zu arbeiten. Tatsächlich kann er in jedem Sektor arbeiten, und er kann sich für die Lebensmittel-, Automobil-, Metallurgie-, Pharmaindustrie usw. entscheiden.

Wartungsmechaniker für Industriemaschinen

Es ist verantwortlich für die Wartung von Komponenten, Geräten und Industriemaschinen. Er plant Instandhaltungsaktivitäten, bewertet die Betriebsbedingungen und die Leistung von Maschinen und Anlagen.

Es ist zuständig für die Schmierung von Maschinen, Komponenten und Werkzeugen, die Dokumentation technischer Informationen und die Durchführung von vorbeugenden und korrektiven Wartungen an Maschinen und Anlagen. Genau wie der Produktionsassistent hat er eine Vielzahl von Möglichkeiten und kann sich den Bereich aussuchen, der ihm am besten gefällt.

Logistik-Assistent

Logistik-Assistent ist für die Zusammenarbeit bei der Raumplanung und Warenverteilung verantwortlich und liefert Informationen, die für die Entscheidungsfindung im Logistikbetrieb erforderlich sind. Darüber hinaus entwickelt es Aktivitäten im Zusammenhang mit den materiellen, finanziellen und personellen Ressourcen eines Unternehmens.

Seine Hauptfunktionen sind das Trennen, Versenden und Empfangen von Materialien unter Berücksichtigung von Bedingungen und Modalitäten, Anforderung und Kontrolle der Kosten der Logistik, Planung und Koordination des Firmenfahrers, Arbeit mit Materialumzügen, Kontrolle des Lagerbestands aller Kunden, Ausstellung von Rechnungen aus einfacher Lieferung Eingabe speichern, unter anderem verschiedene

Funktionen.

Für eine gute Leistung des Profis ist es wichtig, dass er über Zahlenkenntnisse, die Fähigkeit, widrige Situationen zu lösen, Geduld, Methodik und Agilität hat.

NR 10

Der Grundberuf NR 10 ist wohl einer der jüngsten in der Industrie. NR 10 ist die Regulierungsnorm 10 des Arbeitsgesetzbuchs, die sich speziell mit der Sicherheit von Elektrizitätsanlagen und -diensten befasst. Es ist eine Unterteilung des Bereichs Arbeitssicherheit, aber fokussierter. Die Anwesenheit des Technikers NR 10 ist aufgrund der Komplexität und des Risikos erforderlich, wenn es sich um Elektrizität handelt.

Der technische Kurs in der Grundstufe NR 10 ist wichtig, weil er den Lehrplan derjenigen bereichern kann, die in Positionen arbeiten möchten, die ein Leben mit Strom erfordern. Es beweist, dass die Fachkraft die einschlägigen Vorschriften kennt und daher in der Lage ist, Tätigkeiten mit elektrischen Risiken auszuführen, ohne dass dies eine Gefahr für sich selbst und andere darstellt.

Neben den oben genannten Berufen gibt es im Industriesektor noch einige andere, wie z.B. IT Technical Support Operator, Physical Chemical Analysis Laboratory Assistant, Technical Designer, etc. Das Wichtigste ist die Begabung und vor allem eine gute Ausbildung in der Umgebung.

„Made in Ethiopia", die neue Mode für die Textilproduktion in Afrika

Die Kleideretiketten verraten, wo sie tatsächlich hergestellt wurden. Äthiopien steht bereits auf den Etiketten großer Marken und will das Zentrum der Textilproduktion in Afrika werden. Aber zu welchem Preis?

Äthiopien denkt groß. Bis 2025 sollen mehr als 30 gigantische Industrieparks die Welt mit Kleidung aus dem Land versorgen, 350.000 Arbeitsplätze schaffen und durch den Export rund 27 Milliarden Euro erwirtschaften.

Für Temesgen Tilahun von der äthiopischen Investitionskommission sind Arbeitskräfte ein wichtiges Kapital im Wettbewerb mit asiatischen Ländern wie Bangladesch, Vietnam und China.

„Äthiopien ist ein Land mit mehr als 110 Millionen Einwohnern. 60 bis 70 % dieser Menschen sind sehr jung, im erwerbsfähigen Alter, ausbildungsfähig und sehr verfügbar. Dieses Potenzial müssen wir nutzen, um Äthiopien in einen Produktionsstandort zu verwandeln." Wir fordern keine hohen Gehälter, was für Investoren ein wichtiger Aspekt ist, wenn sie in Äthiopien investieren möchten", sagt er.

Niedrigstes Gehalt der Welt in der Branche

In Bangladesch verdienen Arbeiter dreimal so viel wie in Äthiopien und in China bis zu zehnmal so viel. In keinem anderen Land zahlt diese Branche weniger als in Äthiopien. Laut einer aktuellen Umfrage der New York University sind es oft nur 23 Euro im Monat.

Niedrige Löhne, kombiniert mit Steuererleichterungen, einem attraktiven Standort und billigem Strom sollen Textilunternehmen aus aller Welt nach Äthiopien locken.

„Made in Ethiopia", die neue Mode für die Textilproduktion in Afrika
Im ganzen Land werden bereits Fabriken gebaut. Die Bekleidungsproduktion läuft auf Hochtouren. Unternehmen wie H&M, Levi's, Primark, Calzedonia, Calvin Klein, Tommy Hilfiger, Tschibo, Aldi und Lidl produzieren bereits in Äthiopien.
Für die äthiopische Regierung ist der Hawassa Industrial Park im Süden des Landes ein Modell für die Zukunft der Textilproduktion: Er bietet sichere Arbeitsbedingungen, moderne und ökologisch korrekte Anlagen.
23.000 Menschen arbeiten hier. Eine von ihnen, die es vorzieht, nicht identifiziert zu werden, erzählt uns von ihrer Routine. Wenn Sie eine Frühschicht haben, beginnt sie um vier Uhr morgens, sechs Tage die Woche. Sie verdienen etwa 27 Euro (900 Birr) im Monat, plus Mittagessen und Fahrt zur Arbeit.
"Was wir bekommen, ist nicht genug, weil es in keinem Verhältnis zu unserer Arbeit steht. Ich stehe für 8 Stunden beim Nähen. Ich fertige 600 T-Shirts am Tag. Es ist wirklich viel Arbeit, aber sehr wenig Geld. Das ist nicht fair." beschreiben.

Hoher Preis für Arbeiter
Extrem niedrige Löhne führen zu einer starken Fluktuation der Arbeiter in Industrieparks. Manager berichten, dass etwa die Hälfte der Belegschaft im ersten Jahr kündigt. Laut der Studie der New York University erreicht diese Zahl fast 100 %. Auch Streiks werden immer häufiger.
Unser Gesprächspartner wohnt in einem kleinen Mehrbettzimmer, in einer Hütte am Stadtrand von Hawassa. „Hier wohnen wir zu dritt und versuchen, alle möglichen Kosten zu teilen. Die Miete, aber auch Essensausgaben unter anderem. Günstiger kann man nicht leben, aber das Geld reicht oft nicht für den ganzen Monat. Fabrik ist wirklich sehr schwierig. Wir hoffen, dass eines Tages das Gehalt steigt", schließt er.
Aber so sieht es nicht aus. Unternehmen profitieren von niedrigen Löhnen und ziehen die äthiopische Regierung zur Rechenschaft. Die Regierung hat jedoch Schwierigkeiten, einen gesetzlichen Mindestlohn einzuführen. Für die vielen geplanten Gewerbegebiete gibt es keine Investoren und er will sie auch nicht verschrecken.

VERARBEITUNG

Dieses Buch zu schreiben war wirklich ein wahr gewordener Traum, da Afrikanern auf der ganzen Welt diese Art von Anleitung fehlt. Bei der Berufswahl denkt man meist zuerst daran, womit man Geld verdient und viel später über die Berufung.

Es gibt unzählige Barrieren, angefangen bei den finanziellen und fehlenden Strukturen in den meisten Ländern, die, wenn sie existieren, nur den Kindern von Familien mit größerer Finanzkraft zugute kommen, zu Lasten der Begabten, ohne die Mittel, um Gutes und Wichtiges zu bezahlen Schulen.

Die Kinder der Armen und Schwarzen werden schließlich von allen erdenklichen und unvorstellbaren Kräften getrieben, um eine Gruppe von Verlierern anzuschwellen, die Pech haben und nicht in der Lage sind, über dieses wahre schwarze Loch, in dem sie geboren wurden und bleiben müssen, hinauszusehen.

Von Sternen beleuchtete Galaxien und noch mehr Sterne werden nur von wenigen gesehen, und ich habe keinen Zweifel, dass dies eine Hauptursache für die seit Jahrhunderten bestehenden Unterschiede ist.

Die meisten Entscheidungen, die ich in meiner Jugend und Jugend getroffen habe, waren maßgeblich für die Geschichte verantwortlich, die ich aufgebaut habe. Da ich damals kein Geld hatte, habe ich etwas geschaffen, das ich "umgekehrtes Kapital" nannte, das nichts anderes als Verbindlichkeiten oder Schulden war. Was wir in Brasilien einen „schmutzigen Namen" nennen (den Schuldner im Allgemeinen gegeben wird), nenne ich einen „gewagten Namen". Heute, mit 62 Jahren, konnte ich nicht mehr tun, was ich mit 20 Jahren getan habe. Diese Kühnheit brachte mir natürlich einige Einschränkungen mit sich, aber sie verschaffte mir eine Lebenserfahrung, die ich nie machen würde, wenn ich mich nicht darauf konzentrieren würde, Risiken einzugehen.

GEDANKE, ich sage noch einmal, ist alles. Wenn wir uns blind von dem leiten lassen, was der brasilianische Sambamusiker "Zeca Pagodinho" singt, "LETS LIFE TAKE ME, LIFE TAKES ME", kommen wir vielleicht nicht sehr weit und das ist vor allem mit der schwarzen Rasse in der Welt und mit der im Allgemeinen arm.

Ein wahrhaft blutrünstiger Konformismus bzw die sie nicht kaufen können und suchen deshalb nach Ressourcen bei Raubüberfällen, Drogenhandel und Prostitution.

Selbst wenn Ressourcen in die Hände berühmter Persönlichkeiten, Fußballspieler, Musiker gelangen, wird ein Großteil unangemessen ausgegeben, denn nur wenige haben die Ausbildung, Geld in Kapital und Kapital in Reichtum umzuwandeln.

Es gibt eine ganze Konsumtechnik, die geschaffen wurde, um Geld von Prominenten zu nehmen. Schöne Mädchen, Luxusautos, sehr teure Villen. Ich glaube, ich brauche keine Namen zu nennen, denn die Rückkehr von Prominenten aus der Armut oder aus dem Ghetto ins Elend sind volle Teller für Sensationsmedien auf der ganzen Welt.

Bildung und Ausbildung sind die Gegenmittel gegen dieses Gift, das den Geist und das Leben der Schwarzen auf dem Planeten verzehrt. Wir müssen unsere Räume nicht nur in einer weißen und dominierenden Welt fordern, sondern müssen unsere Räume bauen und in ihnen neue Regeln aufstellen, die niemanden aufgrund seiner Hautfarbe oder sozialer Klasse ausschließen, sondern ihn durch die Schaffung von Arbeitsplätzen aus der Armut befreien und vor Hunger alle, absolut alle unsere Brüder.

Kurzum, wir können uns nicht nur darauf beschränken, zu tanzen, Fußball zu spielen, Basketball zu spielen und auf Plätzen zu leben, die uns ermutigt oder sogar auferlegt wurden.

Wenn jemand NEUE UND WICHTIGE KURSE beginnen muss, warum können wir das nicht selbst machen?

Auf dem Foto die junge Angolanin Chinda Dias, die mit den Büchern 5 und

6 posiert, die gerade aus Correios de Angola angekommen sind. Ein Bild, das die große Zufriedenheit mit der geleisteten Arbeit widerspiegelt.

Chinda hat mehrere Richtlinien befolgt, die ich ihr bezüglich der Suche nach WISSEN gegeben habe. Ich habe sie auf einige Seiten mit zahlreichen kostenlosen Online-Kursen verwiesen. Sie war gerade bei einem namhaften Unternehmen in Angola angestellt und hat bereits mit einem Gehalt begonnen, das es ihr ermöglicht, ihre Lebensgeschichte zu ändern. Und er trat in das Unternehmen ein, in dem mehrheitlich Weiß eingestellt wurde, und bekleidete eine Position von hoher Bedeutung.

Wie die meisten jungen Angolaner tanzt Chinda Dias prächtig und tanzt weiter, aber jetzt geht sie über das Tanzen hinaus, sie kann noch mehr lernen, während ihres Urlaubs zu Kursen nach Südafrika reisen, ihr Englisch verbessern, Träume verwirklichen und vieles mehr Träume.

Wie für Chinda Dias habe ich die gleichen Kurse auch anderen jungen Leuten empfohlen, denen es egal war. Sie warten weiter darauf, dass alles vom Himmel fällt. Wie mein Freund Aldeci Carvalho, der im brasilianischen Bundesstaat Espírito Santo lebt, zu sagen pflegte: "Der Himmel regnet und donnert nur." Und doch, wie in der Kimbanguista-Kirche gelehrt: LIEBE, GEBOT UND ARBEIT.

Abschließend und in der Heiligen Schrift nachschlagen: "GEBE GOTT, WAS GOTT IST UND CAESAR, WAS VON CAESAR IST".

Ich kann garantieren, dass Armut, Traurigkeit, Leiden, Schmerz, Hunger Gott nicht gefallen, der alle seine Kinder geschaffen hat, um glücklich zu sein.

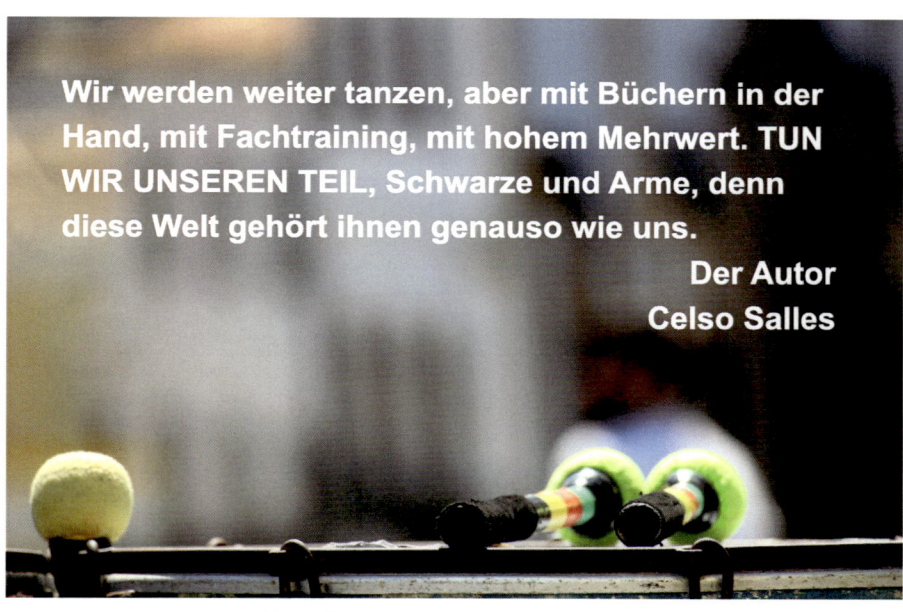

Wir werden weiter tanzen, aber mit Büchern in der Hand, mit Fachtraining, mit hohem Mehrwert. TUN WIR UNSEREN TEIL, Schwarze und Arme, denn diese Welt gehört ihnen genauso wie uns.

Der Autor
Celso Salles

educasat
Editora

Lightning Source UK Ltd.
Milton Keynes UK
UKRC012147300821
389744UK00005B/91